Alexander Hollerbach
Religion und Kirche im freiheitlichen Verfassungsstaat

Schriftenreihe
der
Juristischen Gesellschaft zu Berlin

Heft 156

W
DE
G

1998

Walter de Gruyter · Berlin · New York

Religion und Kirche im freiheitlichen Verfassungsstaat

Bemerkungen zur Situation des deutschen Staatskirchenrechts im europäischen Kontext

Von
Alexander Hollerbach

Überarbeitete und mit Anmerkungen versehene Fassung
eines Vortrages, gehalten vor der
Juristischen Gesellschaft zu Berlin
am 15. Oktober 1997

W
DE
G

1998
Walter de Gruyter · Berlin · New York

Dr. *Alexander Hollerbach,*
em. o. Professor an der Universität Freiburg i. Br.

♾ Gedruckt auf säurefreiem Papier,
das die US-ANSI-Norm über Haltbarkeit erfüllt.

Die Deutsche Bibliothek – CIP-Einheitsaufnahme

Hollerbach, Alexander:
Religion und Kirche im freiheitlichen Verfassungsstaat :
Bemerkungen zur Situation des deutschen Staatskirchenrechts im
europäischen Kontext ; überarbeitete und mit Anmerkungen versehene
Fassung eines Vortrages, gehalten vor der Juristischen Gesellschaft zu
Berlin am 15. Oktober 1997 / von Alexander Hollerbach. – Berlin ;
New York : de Gruyter, 1998
   (Schriftenreihe der Juristischen Gesellschaft zu Berlin ; H. 156)
   ISBN 3-11-016180-X

I.*

Erlauben Sie, daß ich mit einer persönlichen Reminiszenz beginne, einer Reminiszenz, die freilich sofort an die Sache heranführt, die wir heute zu verhandeln haben.

Vor knapp mehr als dreißig Jahren, am 5. Oktober 1967, hatte ich die Aufgabe, bei der Jahrestagung der Vereinigung der Deutschen Staatsrechtslehrer in Frankfurt am Main neben und nach *Martin Heckel* den Mitbericht über das Thema „Die Kirchen unter dem Grundgesetz" zu erstatten[1]. Die Formulierung des Themas war, wie üblich, vom Vorstand vorgegeben. Sie war bewußt so gewählt, ohne Fragezeichen. Darin lag eine gewisse Herausforderung. Beide Referenten haben sie angenommen und in der Tat die Verfassung als die maßgebende Grundlage des Staat-Kirche-Systems betont. Ich sprach in bezug auf den allen Religionsgemeinschaften in gleicher Weise zukommenden Grundstatus von der Trias aus der Gewährleistung der Religionsfreiheit (Art. 4 Abs. 1 und 2 GG), dem Verbot der Staatskirche (Art. 137 Abs. 1 WRV) und der Garantie des Selbstbestimmungsrechts innerhalb der Schranken des für alle geltenden Gesetzes (Art. 137 Abs. 3 WRV). Das Mißverständnis, als gehe es beim Verhältnis von Staat und Kirche um die Dyarchie zweier (oder dreier) Mächte, als könne es nur Koordination souveräner Größen geben, wurde zurückgewiesen. Andererseits galt es aber auch gegen eine Tendenz Front zu machen, die allein in der Religionsfreiheit den Dreh- und Angelpunkt sehen wollte, und zwar in ihrer negativen Stoßrichtung. In dieser gelegentlich aufgekommenen Betrachtungsweise erschienen Elemente der Verbindung von Staat und Kirche wie Religionsunterricht, Theologische Fakultäten, Militärseelsorge und anderes als verfassungswidrige Verfassungsnormen oder doch als legale Verfassungswidersprüche[2].

Die Frankfurter Referate von 1967 haben wohl in der Tat dazu beigetragen, in Sachen Staatskirchenrecht gegenüber gewissen Einseitigkeiten die Dinge wieder ins Lot zu bringen. Dabei hatte die Losung von *Konrad*

---

* Überarbeitete, mit Anmerkungen versehene Fassung des am 15. Oktober 1997 gehaltenen Vortrags.

[1] Veröffentlichungen der Vereinigung der Deutschen Staatsrechtslehrer, Heft 26, Berlin 1968. Referat Heckel S. 5–56; Referat Hollerbach S. 57–106; Aussprache und Schlußworte S. 107–156.

[2] In dieser Richtung damals vor allem *Erwin Fischer,* Trennung von Staat und Kirche. Die Gefährdung der Religionsfreiheit in der Bundesrepublik, München 1964. Vgl. dazu meine Rezensionsabhandlung unter dem Titel „Trennung von Staat und Kirche?", in: Hochland 58 (1965/66) S. 63–67.

Hesse: „Freie Kirche im demokratischen Gemeinwesen" einen kritischen Impuls gegeben[3]. Spezifizierend habe ich damals als zusammenfassende Umschreibung des geltenden Rechts vorgeschlagen: Die staatskirchenrechtliche Ordnung des Grundgesetzes ist ein den Vertrag als Gestaltungsmittel bevorzugendes „System" sachlich begrenzter Kooperation; in ihm genießen die Religionsgemeinschaften, unterstützt durch Rechts- und Finanzhilfen des Staates, auf dem Grund substantieller Scheidung von staatlicher und kirchlicher Gewalt in gestufter Parität öffentliche Freiheit und Eigenständigkeit[4].

II.

Wenn man vor diesem Hintergrund die seitherige Entwicklung Revue passieren läßt, so springen wichtige Faktoren der Veränderung und Ausdifferenzierung neben solchen der Kontinuität und Stabilisierung rasch in die Augen. Zunächst ein paar Streiflichter für die Zeit bis zur Wiedervereinigung, bezogen also auf das, was man jetzt die alte oder die Stamm-Bundesrepublik zu nennen pflegt.

1. Die einschlägigen Texte der Bundesverfassung und der Landesverfassungen – basierend auf dem historischen Kompromiß von Weimar – sind unverändert geblieben, und auch das einfache Gesetzesrecht bewegte sich in den traditionellen Bahnen. Die Anfang der 70er Jahre lancierten Vorstöße der FDP[5], gerichtet auf radikale Trennung von Staat und Kirche, verliefen im Sande. Für die beiden großen Volksparteien war das kein Thema[6].

---

[3] Zeitschrift für evangelisches Kirchenrecht 11 (1964/65) S. 345–362, jetzt auch in: *ders.,* Ausgewählte Schriften, hrsg. v. Peter Häberle u. Alexander Hollerbach, Heidelberg 1984, S. 452–474.

[4] AaO (Anm. 1) S. 106.

[5] Vgl. dazu *Peter Rath* (Hrsg.), Trennung von Staat und Kirche? Dokumente und Argumente, Reinbek 1974. Kritische Auseinandersetzung damit bei *Alexander Hollerbach,* Liberalismus und Kirchen. Fragen an die FDP, in: Möglichkeiten und Grenzen liberaler Politik, hrsg. v. Kurt Sontheimer, Düsseldorf 1975, S. 85–99.

[6] Zur Nachkriegsgeschichte des Staatskirchenrechts insgesamt vgl. die instruktiven Berichte von *Konrad Hesse,* Die Entwicklung des Staatskirchenrechts seit 1945, in: Jahrbuch des öffentlichen Rechts NF 10 (1961) S. 3–80 (mit Dokumentenanhang S. 81–121) – wiederabgedruckt in: *Konrad Hesse,* Ausgewählte Schriften, hrsg. v. Peter Häberle u. Alexander Hollerbach, Heidelberg 1984, S. 355–445 – und von *Karl-Hermann Kästner,* Die Entwicklung des Staatskirchenrechts seit 1961, in: ebenda 27 (1978) S. 239–296. Eine wertvolle Spiegel- und Dokumentationsfunktion kommt auch dem von *Helmut Quaritsch* u. *Hermann Weber* herausgegebenen Sammelband „Staat und Kirchen in der Bundesrepublik. Staatskirchenrechtliche Aufsätze 1950–1967" zu (Homburg v. d. H. 1967).

2. Mit dem Niedersächsischen Konkordat vom 26. Februar 1965 war eine erste Etappe der Entwicklung des Vertragsrechts[7] abgeschlossen, die mit dem Niedersächsischen Kirchenvertrag vom 19. März 1955 begonnen hatte[8]. Aber auch danach erwies sich das Instrument des Vertrages als nützliches Mittel, anstehende Fragen zu regeln. Grundsätzliche Bedeutung haben insbesondere die sog. Düsseldorfer Verträge vom 26. bzw. 29. März 1984 erlangt, die durch Entwicklungen im Hochschulbereich veranlaßt waren[9]. Das kirchenparitätische Vertragssystem blieb fest verankert, war aber auch genügend offen und flexibel für die Einbeziehung kleinerer Religionsgemeinschaften. Erwähnt sei als Beispiel der Vertrag zwischen dem Land Hessen und dem Landesverband der jüdischen Gemeinden in Hessen vom 11. November 1986[10].

3. Ein Gradmesser für Probleme und Entwicklungen ist naturgemäß die Judikatur, insbesondere diejenige des Bundesverfassungsgerichts[11]. Abgesehen vom Konkordatsurteil vom 26. März 1957 (BVerfGE 6, 309) setzte hier eine Linie erst von 1965 an ein, wurde aber immer mehr zu einem bestimmenden Faktor. Es kam dabei insbesondere im Kirchensteuerrecht zu einigen Korrekturen der bestehenden Ordnung. Insgesamt aber wirkte die Rechtsprechung systemstabilisierend, ja eröffnete und sicherte den Kirchen einen breiten Raum eigenständiger Wirksamkeit, namentlich im Bereich des Dienst- und Arbeitsrechts. Auch für das Staatskirchenrecht wurde mithin der bekannte Satz von *Rudolf Smend* maßgebend: „Das Grundgesetz gilt praktisch so, wie das Bundesverfassungsgericht es auslegt"[12]. In der Tat hat das Bundesverfassungsgericht auf dem Felde des Staatskirchenrechts, auf dem bis dahin die Führung weitgehend beim Schrifttum und der Staatspraxis gelegen hatte, alsbald die Führungsrolle erlangt.

---

[7] Maßgebende Textsammlung von *Joseph Listl,* Die Konkordate und Kirchenverträge in der Bundesrepublik Deutschland, 2 Bände, Berlin 1987. Zur Entwicklungsgeschichte und zur rechtsdogmatischen Einordnung des Vertragsrechts vgl. *Alfred Albrecht,* Koordination von Staat und Kirche in der Demokratie, Freiburg i. Br. 1965; *Alexander Hollerbach,* Verträge zwischen Staat und Kirche in der Bundesrepublik Deutschland, Frankfurt a. M. 1965.

[8] Texte bei *Listl,* aaO Bd. II, S. 3 ff. bzw. S. 108 ff.

[9] Texte bei *Listl,* aaO Bd. II, S. 297 ff. bzw. S. 380 ff.

[10] Text bei *Listl,* aaO Bd. I, S. 860 f.

[11] Eingehend dazu meine beiden Berichte über „Das Staatskirchenrecht in der Rechtsprechung des Bundesverfassungsgerichts", in: Archiv des öffentlichen Rechts 92 (1967) S. 99–127 und 106 (1981) S. 218–283.

[12] *Rudolf Smend,* Festvortrag zur Feier des zehnjährigen Bestehens des Bundesverfassungsgerichts am 26. Januar 1962, in: Das Bundesverfassungsgericht, Karlsruhe 1963, S. 23–37 (24), auch in: *ders.,* Staatsrechtliche Abhandlungen und andere Aufsätze, 3. Aufl., Berlin 1994, S. 581–593 (582). Smend fügte übrigens hinzu: „und die Literatur kommentiert es in diesem Sinne".

4. Es wäre eine formale Sicht, wollte man für den hier zu überblicken-
den Zeitraum bei diesen mehr oder weniger binnenjuristischen Beobach-
tungen stehenbleiben. In der gesellschaftlichen Wirklichkeit, auf welche die
Rechtsnormen und Rechtsinstitute bezogen sind, zeigten sich nämlich Phänomene, die in das Bild neue Züge einbrachten. Zwar war schon 1967 von
Säkularisierung, Pluralisierung und Individualisierung zu sprechen, von
einem „Ausrinnen" der Religion aus der Gesellschaft oder doch jedenfalls
von ihrer „Segmentierung"[13]. Aber das alles hat sich zunehmend verstärkt,
und die mit einer paradoxen Formel getroffene Aussage, die Bundesrepublik sei ein volkskirchliches Missionsland, hat weiter an Wahrheitsgehalt
gewonnen. Auf der anderen Seite konnte und kann nicht daran gezweifelt
werden, daß Religion und Religiosität sozusagen Anthropologica ersten
Ranges sind, daß sie ein menschliches Grund-Bedürfnis und Grund-Inter-
esse[14] bezeichnen. Das hat in den 70er Jahren vornehmlich in für unseren
Kulturkreis weithin neuen, hierzulande fremden Erscheinungen Niederschlag gefunden, die man unter dem Stichwort „Jugendreligionen" zu er-
fassen pflegte[15]. Unter juristischem Aspekt trat insoweit – im Verhältnis zu
den institutionellen und stark kirchenzentrierten Fragen – eindeutig wieder
die Religionsfreiheit in den Mittelpunkt des Interesses, und zwar ganz spe-
zifisch hinsichtlich ihrer Grenzen[16]. Ganz besonders aber wurde die Bundesrepublik Deutschland mit einer Weltreligion konfrontiert, mit der es
bisher nur am Rande Berührungen gegeben hatte, nämlich mit dem Islam[17].
Zur stichwortartigen Orientierung brauche ich nur an die gängige Aussage
zu erinnern, Berlin sei die zweitgrößte türkische Stadt, oder noch deutlicher
daran, daß in der Konfessionsstatistik die Muslime nach den beiden großen

---

[13] So mit weiteren Hinweisen in *meinem* Frankfurter Referat, aaO (Anm. 1) S. 64 f.

[14] *Paul Mikat* kommt das Verdienst zu, diesen Begriff für die staatskirchenrechtliche
Diskussion fruchtbar gemacht zu haben: Zur rechtlichen Bedeutung religiöser Interessen
(1973), in: *ders.*, Religionsrechtliche Schriften, hrsg. v. Joseph Listl, Berlin 1974,
S. 303–329.

[15] Diese Thematik war 1984 Gegenstand des 19. Essener Gesprächs mit Referaten von
Reinhart Hummel (Die sogenannten Jugendreligionen als religiöse und gesellschaftliche
Phänomene) und *Jörg Müller-Volbehr* (Die sogenannten Jugendreligionen und die Gren-
zen der Religionsfreiheit): Essener Gespräche zum Thema Staat und Kirche 19 (1985)
S. 64–85 bzw. S. 111–140.

[16] Deutlicher Niederschlag jetzt bei *Stefan Muckel*, Religiöse Freiheit und staatliche
Letztentscheidung. Die verfassungsrechtlichen Garantien religiöser Freiheit unter verän-
derten gesellschaftlichen Verhältnissen, Berlin 1997.

[17] Diese Thematik war 1985 Gegenstand des 20. Essener Gesprächs mit Referaten von
Baber Johansen (Staat, Recht und Religion im sunnitischen Islam. Können Muslime einen
religionsneutralen Staat akzeptieren?), *Alfred Albrecht* (Religionspolitische Aufgaben
angesichts der Präsenz des Islam in der Bundesrepublik Deutschland) und *Wolfgang
Loschelder* (Der Islam und die religionsrechtliche Ordnung des Grundgesetzes): Essener
Gespräche zum Thema Staat und Kirche 20 (1986) S. 12–60, 82–119, 149–176.

Kirchen zur drittstärksten religiösen Gruppierung geworden sind[18]. Diese Entwicklung konfrontierte uns nicht nur mit dem Problem des Fundamentalismus, sondern ließ ganz grundsätzlich die Frage nach der Kulturgebundenheit, spezifischer: der abendländisch-christlichen Kontextualität unseres Staatskirchenrechts bewußt werden.

5. Spätestens angesichts dieses Phänomens kam deutlich zum Bewußtsein, daß man sich auch im Staatskirchenrecht eine bundesrepublikanische Blickverengung nicht leisten kann. Bemühungen um Rechtsvergleichung mußten intensiviert werden[19]. Zunehmend fand die Entwicklung zum Schutz des Menschenrechts auf Religionsfreiheit auf internationaler und völkerrechtlicher Ebene Interesse. Die europäische Menschenrechtskonvention, zu der sich allmählich eine Spruchpraxis herausbildete[20], und die internationalen Pakte von 1966 forderten zunehmend Beachtung. Der Helsinki-Prozeß der Konferenz für Sicherheit und Zusammenarbeit in Europa hat von 1975 an beachtliche Beiträge zur Konkretisierung im Verständnis der Religionsfreiheit und ganz allgemein im Verständnis des Verhältnisses von Staat und Religion gebracht[21]. Er hat überdies bekanntlich einen hohen

---

[18] Statistisches Jahrbuch 1996 für die Bundesrepublik Deutschland, S. 64, mit Zahlen nach dem Stichtag vom 25. Mai 1987. Danach machen die Katholiken 42,9 % und die Evangelischen 41,6 % aus, während als nächstgrößere Gruppierung die Anhänger des Islam mit 2,7 % zu Buch stehen. Allerdings kommt in dieser Statistik auch zum Ausdruck, daß der Anteil der Konfessionslosen gegenüber früher erheblich gestiegen ist. Während für 1950 3,7 %, für 1961 2,8 % und für 1970 3,9 % angegeben waren, weist die Statistik für 1987 8 % aus. Wenn man so will, sind also die Konfessionslosen die drittstärkste „Konfession" nach den beiden Großkirchen. Vgl. im übrigen *Hans Maier*, Staat und Kirche in der Bundesrepublik Deutschland. Die politischen und gesellschaftlichen Grundlagen, in: Handbuch des Staatskirchenrechts der Bundesrepublik Deutschland, 2. Aufl., hrsg. v. Joseph Listl u. Dietrich Pirson, Bd. I (1994) S. 85–110.

[19] Ausdruck dafür sind u. a. Referate, die im Rahmen der Essener Gespräche gehalten worden sind: *Johannes Georg Fuchs*, Zum Verhältnis von Kirche und Staat in der Schweiz, Bd. 5 (1971) S. 125–166; *René Metz*, Staat und Kirche in Frankreich. Auswirkungen des Trennungssystems – Neuere Entwicklungstendenzen, Bd. 6 (1972) S. 103–145; *Luciano Musselli*, Kirche und Staat in Italien. Grundlinien ihres bisherigen Verhältnisses und neuere Entwicklungstendenzen, Bd. 15 (1981) S. 148–172; *Lennart Ejerfeldt*, Das Verhältnis von Staat und Kirche in Skandinavien, dargestellt am Beispiel Schweden, Bd. 17 (1983) S. 128–143; *Carlos Corral Salvador*, Staat und Kirche in Spanien. Grundlinien ihres bisherigen Verhältnisses und neuere Entwicklungstendenzen, Bd. 18 (1984) S. 156–178. Spätere Entwicklungen bei *Richard Puza* u. *Abraham Kustermann* (Hrsg.), Staatliches Religionsrecht im europäischen Vergleich, Freiburg/Schweiz 1993.

[20] Grundlegend dazu *Nikolaus Blum*, Die Gedanken-, Gewissens- und Religionsfreiheit nach Art. 9 der Europäischen Menschenrechtskonvention, Berlin 1990.

[21] Vgl. dazu *Alexander Hollerbach*, Religions- und Kirchenfreiheit im KSZE-Prozeß, in: Grundrechte, soziale Ordnung und Verfassungsgerichtsbarkeit. Festschrift für Ernst Benda zum 70. Geburtstag, hrsg. v. Eckart Klein, Heidelberg 1995, S. 117–133, ferner *Jörg Paul Müller*, Religionsfreiheit – ihre Bedeutung, ihre innere und äußere Gefährdung, in: Jahrbuch des öffentlichen Rechts NF 45 (1997) S. 1–9.

Stellenwert in der Inkubationszeit der großen weltpolitischen Veränderungen von 1989/1990 erlangt. Nicht zuletzt aber: In den 80er Jahren, verstärkt seit Inkrafttreten der Einheitlichen Europäischen Akte im Jahre 1986, trat dann auch allmählich das Europarecht ins staatskirchenrechtliche Blickfeld und nimmt darin nun einen festen Platz ein. Darauf ist in besonderer Weise noch einmal zurückzukommen.

6. In dieser Zeitspanne, die zunächst in Erinnerung zu rufen ist, hat man auch die Entwicklung im anderen Teil Deutschlands nicht aus dem Auge verloren. Ja, in gewisser Weise bestand gerade im Bereich des Kirchen- und Staatskirchenrechts mehr als anderswo Anlaß, immer wieder den Blick „nach drüben" zu richten[22]. Mit ihrer Verfassung von 1968 hatte sich die DDR endgültig und nun auch formaliter aus der Tradition des deutschen Staatskirchenrechts verabschiedet. Sanktioniert wurde ein Trennungssystem unter weltanschauungsstaatlichem Vorzeichen. Demgemäß waren die Normierungen der Verfassung unter den Vorbehalt des historisch-dialektischen Materialismus und der Suprematie der SED gestellt. Daraus folgte, daß auch die Regelung des Verhältnisses von Staat und Kirche im Prinzip nur eine Übergangsordnung auf dem Weg zur völligen „Befreiung" des Menschen von Religion und Kirche und zur endgültigen Durchsetzung des Atheismus darstellen konnte. Es kommt hinzu, daß in einer sozialistischen Verfassung, die vom Gedanken sowohl einer völligen gesellschaftlichen Interessenharmonie als auch eines absoluten staatlichen Rechtsmonopols ausgeht, grundrechtliche und institutionelle Gewährleistungen nicht als Garantien einer der rechtlichen Verfügung prinzipiell entzogenen staatsfreien Sphäre verstanden werden konnten. Die mit der Verfassunggebung von 1968 einhergehende Spaltung der EKD hat gleichwohl nicht vermocht, alle Beziehungen zu kappen, und in bezug auf die katholische Kirche ließ sich die Bundesregierung nicht in ihrer Überzeugung von der Fortgeltung des Reichskonkordats und der entsprechenden Bindung daran beirren, während sich auf seiten des Hl. Stuhles Unsicherheiten zeigten, bis

---

[22] Grundorientierung bei *Alexander Hollerbach*, Das Verhältnis von Kirche und Staat in der Deutschen Demokratischen Republik, in: Handbuch des katholischen Kirchenrechts, hrsg. v. Joseph Listl, Hubert Müller, Heribert Schmitz, Regensburg 1983, S. 1072–1081. Vgl. ferner: Die Rechtsstellung der Kirchen im geteilten Deutschland. Symposium 1./3. Oktober 1987, Köln 1989 (Schriften zur Rechtslage Deutschlands, hrsg. v. Gottfried Zieger, Bd. 14) mit Referaten von Uwe-Peter Heidingsfeld, Reinhart Henkys, Martin Höllen, Alexander Hollerbach, Rudolf Jestaedt, Otto Luchterhandt, Paul Mai, Ulrich Nembach, Gerhard Robbers und Hartmut Sander. Wertvoll auch *Thomas Boese*, Die Entwicklung des Staatskirchenrechts in der DDR von 1945 bis 1989, unter besonderer Berücksichtigung des Verhältnisses von Staat, Schule und Kirche, Baden-Baden 1994. Aufschlußreiche Beiträge auch bei *Frank Hartmann* (Hrsg.), Kirchenrecht in der ehemaligen DDR. Unter besonderer Berücksichtigung der Verhältnisse in der Evangelisch-Lutherischen Landeskirche Sachsens, Baden-Baden 1997.

schließlich ab 1978 unter Papst Johannes Paul II. wieder eine klarere Linie erkennbar wurde[23]. Aber von alledem abgesehen: Man kann die gesamtdeutsche Klammerwirkung von Religion und Kirche kaum überschätzen. Hier gab es über Mauer und Stacheldraht hinweg geistige Realitäten, spezifische Stabilitäts- und Kontinuitätsfaktoren. Erlauben Sie noch einmal eine kleine persönliche Reminiszenz. Als die Vereinigung der Deutschen Staatsrechtslehrer 1979 in Berlin tagte und über „Deutschland nach 30 Jahren Grundgesetz" debattierte, drängte es sich mir auf, darauf besonders hinzuweisen[24].

III.

Zehn Jahre später hat die deutsche Wiedervereinigung zwangsläufig Bewegung ins Staatskirchenrecht gebracht[25], auch wenn schon kurz zuvor davon die Rede war[26]. Damit treten wir in eine Entwicklungsphase ein, die unmittelbare Vorgeschichte der Situation heute ist, wenn wir diesen 15. Oktober 1997 als Stichtag nehmen. Auch hier zunächst ein paar Streiflichter:

1. Im Bereich des Staatskirchenrechts erfolgte die Geltungserstreckung des Grundgesetzes ohne Vorbehalte, und für die Installation des Kirchensteuersystems war noch im Sommer 1990 durch ein von der Volkskammer

---

[23] Eindrucksvoll dazu *Rudolf Jestaedt*, Fortwirkende Probleme des Reichskonkordats von 1933, in dem in der vorigen Anmerkung angeführten Sammelband von 1989, S. 73–87.

[24] Veröffentlichungen der Vereinigung der Deutschen Staatsrechtslehrer, Heft 38, Berlin 1980, S. 162.

[25] Auch insoweit erweisen sich die Essener Gespräche als ausgezeichnete Informationsquelle für aktuelle Entwicklungen. So enthält Bd. 26 (1992) zum Generalthema „Die Einigung Deutschlands und das deutsche Staat-Kirche-System" Referate von *Rupert Scholz* (Der Auftrag der Kirchen im Prozeß der deutschen Einheit), *Wolfgang Rüfner* (Deutsche Einheit im Staatskirchenrecht) und *Hans Joachim Meyer* (Geistige Voraussetzungen und Konsequenzen des Beitritts der DDR zur Ordnung des Grundgesetzes). Eine erste Bilanz für die Zeit von 1989–1994 zieht *Joseph Listl*, Das Staatskirchenrecht in den neuen Ländern der Bundesrepublik Deutschland, in Bd. 29 (1995) S. 160–191. Aufschlußreiche Beiträge auch bei *Richard Puza* u. *Abraham Peter Kustermann* (Hrsg.), Die Kirchen und die deutsche Einheit, Stuttgart 1991. Vgl. auch die materialreiche Abhandlung von *Reiner Tillmanns*, Grundzüge des Staatskirchenrechts in den neuen Bundesländern, in: Verfassungsrechtliche Probleme bei der Konstituierung der neuen Bundesländer, hrsg. v. Peter Neumann und Reiner Tillmanns, Berlin 1997, S. 161–267. Für eine differenzierte Analyse hilfreich *Steffen Heitmann*, Die Entwicklung von Staat und Kirche aus der Sicht der „neuen" Länder, in: Zeitschrift für evangelisches Kirchenrecht 39 (1994) S. 402–417, ferner *Axel Vulpius*, Das Verhältnis zwischen Staat und Kirche in den Neuen Ländern, in: Religionsfreiheit. Deutsche Sektion der Internationalen Juristen-Kommission, Heidelberg 1996, S. 61–80.

[26] Siehe dazu *Gerald Göbel*, Neue Bewegung im Staatskirchenrecht?, in: Zeitschrift für Rechtspolitik 1990, S. 189–192, und die Replik von *Gerhard Czermak*, Bewegung ins Staatskirchenrecht!, in: ebenda S. 475–479.

12

der DDR verabschiedetes Gesetz gesorgt worden[27]. Aber es gab Akzeptanzprobleme, die sich insbesondere in der Frage der evangelischen Militärseelsorge zuspitzten[28]. Vielen schien radikale Trennung akzeptabler als freiheitliche Kooperation. Auch bei den Beratungen der Verfassungen der neuen Bundesländer kam es zum Teil zu lebhaften Debatten, und auch die Gemeinsame Verfassungskommission hatte sich mit dem Sachkomplex Staatskirchenrecht zu befassen, ohne daß sie indes dazu eine Empfehlung abgegeben hätte, da Anträge auf Änderung der staatskirchenrechtlichen Bestimmungen des Grundgesetzes keine Mehrheit fanden[29]. Vor allem aber mußte man der deutlichen Minderheiten-Situation der Christen in der ehemaligen DDR und des Schwundes an Kirchlichkeit gewahr werden[30]. Von Volkskirche ist hier nun wirklich kaum mehr eine Spur; eher könnte man, in Orientierung an der vorhin schon einmal gebrauchten Formel, von „Missionsland pur" sprechen. Trotzdem – oder vielleicht gerade deswegen – hat auch in Würdigung der gleichschaltungsresistenten Rolle der Kirchen in der DDR alsbald das Bemühen eingesetzt, zu einer rechtlichen Normalisierung im Verhältnis von Staat und Kirche zu kommen. Hier erwies und erweist sich das Vertragsstaatskirchenrecht als charakteristisches und in der Sache hilfreiches Instrument im Prozeß der Wiedervereinigung[31]. Es empfiehlt

---

[27] Einer gesonderten Analyse bedürfte die Behandlung der Staat-Kirche-Fragen im Zusammenhang mit dem Verfassungsentwurf des Runden Tisches. Siehe dazu *Bernd Guggenberger* u. *Tine Stein* (Hrsg.), Die Verfassungsdiskussion im Jahr der deutschen Einheit. Analysen-Hintergründe-Materialien, München 1991.

[28] Vgl. dazu im einzelnen die Freiburger Dissertation von *Gebhard Mehrle,* Trennung vom Staat – Mitarbeit in staatlichen Institutionen. Über die Problematik der Einrichtung von Religionsunterricht und Militärseelsorge in den neuen Bundesländern (1997, noch unveröffentlicht).

[29] Bericht der Gemeinsamen Verfassungskommission gemäß Beschluß des Deutschen Bundestages – Drucksache 12/1590, 12/1670 – und Beschluß des Bundesrates – Drucksache 741/91 (Beschluß) – in: Zur Sache. Themen parlamentarischer Beratung 5/93, S. 212–215. Dort S. 216–221 auch zu dem – gescheiterten – Begehren, den Gottesbezug in der Präambel zu streichen.

[30] Das hat naturgemäß auch die statistischen Befunde für die Bundesrepublik (vgl. oben Anm. 18) deutlich verändert. So machen nach den vom Sekretariat der Deutschen Bischofskonferenz veröffentlichten statistischen Daten für 1995 die Katholiken nur noch 33,9 % der Gesamtbevölkerung aus.

[31] Erste Zwischenbilanz bei *Alexander Hollerbach,* Vertragsstaatskirchenrecht als Instrument im Prozeß der deutschen Wiedervereinigung, in: Kirche und Recht 1 (1995) S. 1–12. Siehe ferner *Axel Frhr. v. Campenhausen,* Vier neue Staatskirchenverträge in vier neuen Ländern, in: Neue Zeitschrift für Verwaltungsrecht 1995, S. 757–762. Zum Ganzen wichtig auch *Richard Puza* und *Abraham Peter Kustermann,* Neue Verträge zwischen Kirche und Staat. Die Entwicklung in Deutschland und Polen, Freiburg/Schweiz 1996. Einen besonderen Hinweis verdient *Axel Vulpius* mit seinem Artikel über „Verträge mit · der Jüdischen Gemeinschaft in den neuen Ländern", in: Neue Zeitschrift für Verwaltungsrecht 1996, S. 759–765.

sich, dabei für einen Moment zu verweilen, auch wenn ich mir im Rahmen dieses Vortrags eine umfassende Analyse versagen muß.

2. Die vertragsrechtliche Entwicklung ist zwar noch nicht abgeschlossen. Aber die Konturen sind ziemlich klar. Natürlich hat man sich an westdeutschen Vorbildern orientiert. Aber die neuen Verträge sind nicht nur deren Abklatsch. Einige Punkte möchte ich näher beleuchten:

(1) In exemplarischer Weise ist es im Güstrower Vertrag, d. h. dem Vertrag des Landes Mecklenburg-Vorpommern mit der Evangelisch-Lutherischen Landeskirche Mecklenburgs und der Pommerschen Evangelischen Kirche vom 20. Januar 1994[32] mit der Präambel gelungen, maßgebende Grundüberzeugungen namhaft zu machen und damit den prinzipiellen Kontext zu skizzieren, in dem man diese Verträge sehen muß. Dieser Vertrag, so heißt es, wurde geschlossen

„– im Respekt vor der Religions- und Glaubensfreiheit des Einzelnen und in Anerkennung des Selbstbestimmungsrechts der Kirchen,

– im Bewußtsein der Unterschiedlichkeit des geistlichen Auftrages der Kirchen und der weltlichen Aufgaben des Staates,

– in der Überzeugung, daß die Trennung von Staat und Kirche gleichermaßen Distanz und Kooperation gebietet,

– in Würdigung der Bedeutung, die christlicher Glaube, kirchliches Leben und diakonischer Dienst auch im religiös neutralen Staat für das Gemeinwohl und den Gemeinsinn der Bürger haben".

Ähnlich spricht der jüngste, der Brandenburgische Kirchenvertrag vom 8. November 1996, sozusagen leitmotivisch von „der Überzeugung, daß das Verhältnis von Staat und Kirche gleichermaßen von Unabhängigkeit und Kooperation geprägt ist"[33].

Hier hat ohne Blickverengung auf institutionelle Fragen und in differenziertem Umgang mit allgemeinen Prinzipien modernes Verständnis vom Staat-Kirche-Verhältnis überzeugenden Niederschlag gefunden. Übrigens könnte eine solche Präambel ohne weiteres auch am Eingang eines Vertrages mit der katholischen Kirche stehen[34].

(2) Der nämliche Vertrag ist auch in einer wichtigen Sachfrage einen neuen Weg gegangen. Entgegen der Tradition mißt er nämlich in der Frage der Berufung eines Universitätslehrers der evangelischen Theologie dem

---

[32] GS Mecklenburg-Vorpommern 1994, S. 559.
[33] GVBl. Brandenburg 1997, S. 4.
[34] Der Text von Güstrow hat nun auch auf den kürzlich unterzeichneten katholischen Parallel-Vertrag sozusagen abgefärbt. Die Präambel nämlich zu dem Vertrag zwischen dem Hl. Stuhl und dem Land Mecklenburg-Vorpommern vom 15. September 1997 ist im Prinzip gleichsinnig, enthält aber einige charakteristische Unterschiede. So wird insbesondere der Ausdruck „Trennung von Staat und Kirche" ganz vermieden. Auch ist nicht vom „religiös neutralen Staat" die Rede, sondern von der „pluralen Gesellschaft".

Votum der Kirchenleitung ohne Wenn und Aber bindende Wirkung zu[35]. In den anderen Verträgen hat man sich dazu noch nicht entschließen können und an der bloß gutachterlichen Bedeutung des Votums der Kirchenleitung festgehalten. Immerhin hat Sachsen-Anhalt auch einen Schritt in die andere Richtung getan, freilich wurde hier ein letzter Vorbehalt zu Gunsten des Staates formuliert. Wenn nämlich die Kirche in dem für den Konfliktsfall vorgesehenen Erörterungsverfahren ihre Bedenken wegen Lehre und Bekenntnis aufrechterhält, wird eine Berufung nicht vorgenommen, „es sei denn, die Wissenschaftsfreiheit würde ernsthaft gefährdet"[36]. Wie immer man diese Dinge beurteilt: Man sollte hier nicht von „Rekatholisierung"[37] sprechen, sondern von einer Konsequenz aus der theologischen Inkompetenz des Staates, in anderer Sicht: aus dem Selbstbestimmungsrecht der Religionsgemeinschaften. Im übrigen hat es den Anschein, daß die Debatten darüber erst jetzt richtig beginnen[38], nachdem die neuen Verträge in dieser Frage unterschiedliche Wege gehen.

(3) Für die katholische Kirche war zunächst wichtig, mit Hilfe von Verträgen die Diözesanverhältnisse neu zu ordnen[39]. Das braucht hier nicht im einzelnen geschildert zu werden. Hervorzuheben ist aber, daß es insoweit in zwei Fällen zu einer Verklammerung zwischen Ost und West gekommen ist. Zum neu errichteten Erzbistum Hamburg gehören nämlich nicht nur die Gebiete der Freien und Hansestadt Hamburg und des Landes Schleswig-Holstein, sondern auch der Mecklenburgische Anteil des Bundeslandes Mecklenburg-Vorpommern. Der andere Fall ist weniger spektakulär, aber doch nicht unwichtig. Bei der Schaffung des Bistums Erfurt ist nämlich das Dekanat Geisa, das in der Rhön vor den Toren Fuldas gelegen ist, nicht in das neue Bistum einbezogen worden, vielmehr wurde seine Zugehörigkeit zum Bistum Fulda wieder voll hergestellt.

---

[35] Art. 4 Abs. 2 Satz 3: „Die Anstellung eines hauptamtlichen Hochschullehrers an einer evangelisch-theologischen Fakultät bedarf hinsichtlich Lehre und Bekenntnis des Anzustellenden der Zustimmung der zuständigen Landeskirche. Die Landesregierung gibt der Kirche Gelegenheit zur Äußerung. Gegen ein ausdrückliches kirchliches Votum leitet sie eine Berufung nicht ein und nimmt eine Anstellung nicht vor".

[36] Abs. 4 des Schlußprotokolls zu Art. 3 Abs. 2. Eingehend hierzu *Axel Vulpius,* Der Evangelische Kirchenvertrag Sachsen-Anhalt unter besonderer Berücksichtigung der Nihil-obstat-Frage, in: Jahrbuch des öffentlichen Rechts NF 43 (1995) S. 327–354.

[37] So aber *Hermann Weber,* Der Wittenberger Vertrag – Ein Loccum für die neuen Bundesländer?, in: Neue Zeitschrift für Verwaltungsrecht 1994, S. 759–766 (765).

[38] Vgl. dazu *Hartmut Kreß,* Die evangelischen Staatskirchenverträge in den neuen Bundesländern. Tragfähig für die Rolle der Kirche in der säkularen Gesellschaft?, in: Materialdienst des konfessionskundlichen Instituts Bensheim 48 (1997) S. 23–28.

[39] Vgl. dazu *meinen* in Anm. 31 angeführten Aufsatz und die in Anm. 25 genannte Abhandlung von *Joseph Listl.*

(4) Das besondere Signum der 1994 abgeschlossenen Bistumserrichtungsverträge ist die Erstreckung des aus dem Preußischen Konkordat bekannten und vom Reichskonkordat sanktionierten Systems des domkapitularischen Wahlrechts für die Besetzung der Bischofsstühle auf die neuen Diözesen. Das ist bemerkenswert, weil es möglicherweise der derzeitigen Stimmungslage in der römischen Zentrale nicht entspricht. Aber es ist eine notwendige Konsequenz aus der von kirchlicher Seite unmißverständlich ausgesprochenen Überzeugung von der Fortgeltung von Reichskonkordat und Preußischem Konkordat und findet seine innerkirchlich-theologische Legitimation außerdem in c. 377 § 1 des neuen CIC, wo das Recht der freien Ernennung seitens des Papstes und die Bestätigung einer Wahl als zwei Möglichkeiten gleichberechtigt nebeneinander stehen[40].

Bei den übrigen Elementen, die damit zusammenhängen, gibt es künftig in Deutschland allerdings keine Einheitlichkeit mehr. Was die politische Klausel anlangt, also das Recht des Staates, aus allgemeinpolitischen Gründen Einwendungen gegen einen Kandidaten zu erheben, so gilt sie für Erfurt, Görlitz und Magdeburg, auch wenn die beteiligten Länder betonen, daß Art. 137 Abs. 3 Satz 2 WRV sowie die entsprechenden landesverfassungsrechtlichen Bestimmungen unberührt bleiben[41]. Das dürfte so zu verstehen sein, daß sie, was im übrigen auch weder verfassungsrechtlich noch konkordatsrechtlich zulässig wäre, kein definitives Mitspracherecht beanspruchen; aber eine „Erinnerung" aus allgemeinpolitischen Gründen ohne die Wirkung eines Vetos wäre denkbar. Für Hamburg dagegen ist lediglich die vertrauliche Mitteilung der Person des Gewählten vor dessen Bestellung, d. h. vor der Bestätigung der Wahl durch den Hl. Stuhl, vorgesehen[42].

Der bischöfliche Treueid[43], ein zweites Element neben der politischen Klausel, gehört nahezu ganz der Geschichte an. Die beteiligten Länder wenden Art. 16 des Reichskonkordats nicht mehr an bzw. verzichten förmlich darauf[44]. Lediglich Sachsen-Anhalt hält sich mit einer Sonderregelung noch zurück[45].

---

[40] Das wird jetzt auch von *Heribert Heinemann* hervorgehoben: Art. Bischofswahl, Bischofsernennung II, in: Lexikon für Theologie und Kirche, 3. Aufl., Bd. II (1994) Sp. 506.

[41] In den drei Verträgen jeweils Schlußprotokoll zu Art. 3 und 4.

[42] Art. 6 Abs. 2.

[43] Umfassende Problemerörterung jetzt bei *Ulrike Marga Dahl-Keller*, Der Treueid der Bischöfe gegenüber dem Staat. Geschichtliche Entwicklung und gegenwärtige staatskirchenrechtliche Bedeutung, Berlin 1994.

[44] Für Magdeburg, Görlitz und Erfurt jeweils Abs. 2 des Schlußprotokolls zu Art. 3; Errichtungsvertrag Hamburg, Art. 7.

[45] Nach der amtlichen Regierungsbegründung beabsichtigt die Landesregierung, über die Frage eines Verzichts erst nach der Wahl eines Bischofs zu entscheiden, einerseits, um nicht durch eine Dauerregelung alle künftigen Regierungen festzulegen, andererseits, um auch dem gewählten Bischof Gelegenheit zu einer Meinungsäußerung geben zu können.

(5) Für die katholische Kirche treten zu den Bistumserrichtungsverträgen Verträge hinzu, die in Anbetracht ihres kodifikatorischen Charakters der Sache nach Landeskonkordate sind, auch wenn sie schlicht nur als „Vertrag" tituliert werden. Drei sind unter Dach und Fach, nämlich die Verträge mit dem Freistaat Sachsen[46], dem Freistaat Thüringen[47] und dem Land Mecklenburg-Vorpommern[48]. Hier möchte ich unter dem Gesichtspunkt der Rechtssicherheit den Kompromiß hervorheben, der im Thüringer Vertrag mit dem Hl. Stuhl in bezug auf das Verhältnis zu früheren Verträgen, konkret zu Reichskonkordat und Preußischem Konkordat gefunden worden ist. Eine Kollisionsklausel statuiert für die im Vertrag geregelten Materien eindeutig den Anwendungsvorrang des neuen Vertrages und stellt für Materien, die nicht neu geregelt wurden, klar fest, daß die einschlägigen Abreden der früheren Verträge nicht mehr angewendet werden[49]. Das betrifft namentlich die Bestimmungen über die Bekenntnisschule und den sog. Entpolitisierungsartikel, sensible Materien mithin, auch wenn viel dafür sprach, die entsprechenden Bestimmungen als obsolet anzusehen. Jedenfalls ist es damit gelungen, erneut aufgetretene Verkrampfungen in der leidigen Fortgeltungsfrage zu lösen, freilich unter strikter Beschränkung auf den Kompetenzbereich des betroffenen Landes.

(6) Das rechtliche Gerüst steht nun weithin auch für die neuen Bundesländer[50]. Es gibt den Kirchen und auch anderen Religionsgemeinschaften Halt. Sie werden rechtlich nicht anders behandelt als ihre, wenn ich mich so ausdrücken darf, Verwandten in der alten Bundesrepublik. Aber der recht-

---

[46] Vertrag zwischen dem Hl. Stuhl und dem Freistaat Sachsen vom 2. Juli 1996; Zustimmungsgesetz vom 24. Januar 1997 (GVBl. S. 17). Vgl. dazu *Steffen Heitmann,* Der Katholische Kirchenvertrag Sachsen, in: Neue Juristische Wochenschrift 1997, S. 1420–1424.

[47] Vertrag zwischen dem Hl. Stuhl und dem Freistaat Thüringen vom 11. Juni 1997; Zustimmungsgesetz vom 18. Juni 1997 (GVBl. S. 266).

[48] Vertrag zwischen dem Hl. Stuhl und dem Land Mecklenburg-Vorpommern vom 15. September 1997 (GVBl. 1998, S. 3).

[49] Art. 30: „Regelungen in diesem Vertrag und im Vertrag zwischen dem Hl. Stuhl und dem Freistaat Thüringen über die Errichtung des Bistums Erfurt vom 14. Juni 1994 gehen inhaltlich abweichenden oder inhaltlich übereinstimmenden Regelungen in älteren konkordatären Verträgen vor, soweit sie denselben Gegenstand betreffen". Schlußprotokoll dazu: „Im übrigen besteht Übereinstimmung zwischen den Vertragschließenden, daß – auch soweit das Konkordat zwischen dem Hl. Stuhl und dem Deutschen Reich vom 20. Juli 1933 den Freistaat Thüringen bindet – die Bestimmungen dieses Konkordates über die Anforderungen an geistliche Ordensobere (Art. 15 Abs. 2 Satz 1 und Abs. 3) und über die Bekenntnisschule (Art. 23 und 24) sowie die Bestimmungen des Art. 32 dieses Konkordates im Verhältnis zwischen dem Hl. Stuhl und dem Freistaat Thüringen nicht angewendet werden".

[50] Zur Entwicklung seit 1989 und zur aktuellen Situation siehe jetzt auch *Axel Frhr. von Campenhausen* in dem soeben erschienenen Band IX des Handbuchs des Staatsrechts der Bundesrepublik Deutschland, hrsg. v. Josef Isensee und Paul Kirchhof, Heidelberg 1997, S. 305–352.

liche Rahmen bietet natürlich nur eine Chance. Ob er mit Leben gefüllt
werden kann, liegt an den Kirchen, auch wenn es nicht unwichtig ist, daß
der Staat den Kirchen und Religionsgemeinschaften im Bewußtsein seiner
Verpflichtung zur Freiheitlichkeit und im Bewußtsein der Tatsache, daß das
Verbot der Staatskirche auch das Verbot einer Staats-Weltanschauung
einschließt, wohlwollend gegenübertritt.

3. Nun hat sich, wie man gerade hierzulande weiß, in Brandenburg
schon früh ein Prinzipielles berührender Konflikt angebahnt. Sein Name ist
LER: Lebensgestaltung – Ethik – Religionskunde[51]. In der Konzeption dieses Faches ist zwar Religion nicht völlig eliminiert, aber der Religionsunterricht ist jedenfalls nicht ordentliches Lehrfach, wie es Art. 7 Abs. 3
Satz 1 GG vorschreibt. Ob das rechtlich zulässig ist, wird derzeit bekanntlich vom Ersten Senat des Bundesverfassungsgerichts geprüft. Dabei muß
geklärt werden, ob sich das Land Brandenburg auf Art. 141 GG berufen
kann, also auf die sog. Bremer Klausel, wonach Art. 7 Abs. 3 Satz 1 keine
Anwendung in einem Lande findet, in dem am 1. Januar 1949 eine andere
landesrechtliche Regelung bestand. Wenn das nämlich nicht der Fall ist, gilt
auch für Brandenburg unzweideutig die angeführte Norm des Grundgesetzes. Die anderen neuen Bundesländer sind in ihren Verfassungen und
Schulgesetzen davon ausgegangen. Ich meine, Art. 141 kommt im vorlie-
genden Fall nicht zum Zuge, da seine Anwendung die Fortdauer der Exi-
stenz des betreffenden Landes über den in der Verfassung genannten Stichtag hinaus voraussetzt. Aber selbst wenn man annehmen wollte, Art. 141
gelte auch für das Land Brandenburg, so darf man nicht außer acht lassen,
daß diese Bestimmung augenscheinlich eine konservierende Funktion hat,
d. h. ein bestehender Zustand soll aufrechterhalten bleiben, das betreffende
Land soll aber keine Kompetenz bekommen, ohne Rücksicht auf die
Grundkonzeption des Grundgesetzes, in Sachen Religionsunterricht völlig
frei zu disponieren. Das führt zu der Auffassung, daß Art. 141, wollte man
ihn überhaupt grundsätzlich für anwendbar halten, ein Verbot der refor-
matio in peius inhärent ist[52], mit anderen Worten: Wenn das betreffende
Land seine Konzeption ändern will, kann es dies nur im Sinne von Art. 7

---

[51] Eingehend dazu *Rainer Tillmanns* in der oben Anm. 25 angeführten Abhandlung,
S. 232–239, ferner die umfassende Erörterung bei *Gebhard Mehrle* (Anm. 28) und bei
Heinrich de Wall, Zum Verfassungsstreit um den Religionsunterricht in Brandenburg, in:
Zeitschrift für evangelisches Kirchenrecht 42 (1997) S. 353–371. Siehe auch *Arnd Uhle*,
Die Verfassungsgarantie des Religionsunterrichts und ihre territoriale Reichweite, in: Die
öffentliche Verwaltung 1997, S. 409–417.

[52] Diesen Gedanken habe ich schon zu Beginn der Debatten um das Verhältnis von
Staat und Kirche in den neuen Bundesländern entwickelt: Das Verhältnis von Staat und
Kirche in den mitteldeutschen Landesverfassungen, in: Zeugnis des Glaubens – Dienst an
der Welt. Festschrift für Franz Kardinal Hengsbach zur Vollendung des 80. Lebensjah-
res, hrsg. v. Baldur Hermans, Mülheim a. d. Ruhr 1990, S. 741–750.

18

Abs. 3 GG tun oder doch jedenfalls so, daß sich seine Konzeption der Grundvorstellung des Grundgesetzes annähert – LER aber ist ein die Situation des Religionsunterrichts verschlechterndes aliud. Schließlich könnte man mit der Berufung auf Art. 141 auch nicht die Maßgeblichkeit der Eltern- und Schüler-Grundrechte aushebeln.

Natürlich reicht der Streit, der sich an LER entzündet hat, tiefer. Es geht um die Grundfrage, ob Religion einen Ort in der Schule hat, und wenn ja, welchen; des weiteren geht es um die Grundfrage, ob und inwieweit der Staat für die Werte-Erziehung kompetent ist. Bei der Erörterung dieser Fragen kann ich mich ganz auf die Autorität von *Wolfgang Huber*, dem Bischof der Evangelischen Kirche in Berlin-Brandenburg, stützen und bekräftigen, was er im Blick auf den konkreten Streitfall dazu ausgeführt hat[53]. Ich zitiere: „Der kirchliche Widerspruch richtet sich nicht dagegen, daß in Brandenburg ein Lernbereich angestrebt wird, in dem alle Schülerinnen und Schüler Grundfragen der Lebensorientierung, der Wertbindung und des religiösen Selbstverständnisses in einem eigenen Unterrichtsangebot begegnen sollen". Und weiter: „Der Widerspruch richtet sich auch nicht dagegen, daß es in einem solchen Lernbereich ein staatlich verantwortetes Unterrichtsfach – vorzugsweise zur Ethik und ihrer philosophischen Begründung unter Einschluß religionskundlicher Elemente – geben kann, ja geben muß". Sodann aber heißt es klipp und klar: „Der nötige Widerspruch richtet sich vielmehr gegen einen Monopolanspruch eines solchen staatlichen Faches; dieser Monopolanspruch wird im brandenburgischen Fall durch seine Bezeichnung als Pflichtfach für alle eindeutig dokumentiert. Er wird zusätzlich dadurch unterstrichen, daß dem von den Kirchen verantworteten Religionsunterricht eine vergleichbare Stellung verweigert wird. Dieser Unterricht wird vielmehr unter der Überschrift der Zusammenarbeit mit anderen staatlichen Einrichtungen, sonstigen Stellen und den Kirchen verbucht. Er wird ausdrücklich nicht in die Liste der staatlichen Unterrichtsfächer aufgenommen und damit planmäßig marginalisiert. Verglichen mit dieser entscheidenden Weichenstellung ist die – im letzten Moment des Gesetzgebungsverfahrens vorgenommene – Einführung einer Abmeldemöglichkeit von dem staatlichen Pflichtfach LER nur eine – inkonsequente – Arabeske". Als Alternative wird das gleichberechtigte Angebot von Religionsunterricht und Ethik-Unterricht gefordert.

Dies wäre eine nicht nur sachgemäße, sondern die meines Erachtens vom Grundgesetz als freiheitlicher Verfassungsordnung gebotene Lösung, die den grundrechtlichen und institutionellen Vorgaben voll Rechnung trägt. Demgegenüber kommt eine Monopolisierung der Sinn- und Werte-Erzie-

---

[53] *Wolfgang Huber*, Staat und Kirche in Brandenburg. Grundsätzliches und Aktuelles, Baden-Baden 1997 (Veröffentlichungen der Potsdamer Juristischen Gesellschaft 2). Die nachfolgenden Zitate S. 23 ff.

hung beim Staat mit dem grundgesetzlichen Verbot der Staats-Weltanschauung in Konflikt. Auch würde sich ein Laizismus, der Religion und Kirche aus der Schule als einem bedeutsamen Ort der Sozialisation des Schülers hinausdrängen oder deren Position schwächen wollte, geradezu als demokratisch rückständig erweisen[54].

4. Der entwicklungsgeschichtliche Überblick, von dem ich ausgegangen bin, ist zwangsläufig in eine „Ortsbestimmung der Gegenwart" übergegangen, um den bekannten Buchtitel von *Alexander Rüstow* zu verwenden[55]. Unlängst wurde dafür als kennzeichnendes Stichwort „flexible Kontinuität" gebraucht[56]. Das trifft wohl insgesamt zu und wird auch eindrucksvoll belegt durch die zweite Auflage des monumentalen Handbuchs des Staatskirchenrechts der Bundesrepublik Deutschland, die unter der Herausgeberschaft von *Joseph Listl* und *Dietrich Pirson* 1994 und 1996 erschienen ist[57]. Auch in den Gesamtdarstellungen von *Paul Mikat*[58] und *Axel Frhr. von Campenhausen*[59] findet das geltende „System" höchst sachkundige und engagierte Interpreten. Aber im Schrifttum melden sich zunehmend kritisch-kämpferische Stimmen zu Wort, die einer Verfassungsinter-

---

[54] Der LER-Streit hat eine breite Diskussion über den Religionsunterricht ausgelöst und zahlreiche Stellungnahmen veranlaßt. Aus dem reichhaltigen Schrifttum siehe *Albert Biesinger-Joachim Hänle* (Hrsg.), Gott – mehr als Ethik. Der Streit um LER und Religionsunterricht, Freiburg 1997 (Quaestiones disputatae, 167) mit juristischen Beiträgen von *Alexander Hollerbach* und *Richard Puza*. Siehe auch die Kundgebung der Synode der Evangelischen Kirche in Deutschland zum Religionsunterricht vom 25. Mai 1997, in: Amtsblatt der EKD 1997, S. 257–259. Kennzeichnend ferner, daß die Zentralstelle Bildung der Deutschen Bischofskonferenz für den 7. Oktober 1997 zu einem öffentlichen Symposium über „Religion in der Schule – Orientierung in der offenen Gesellschaft" eingeladen und eine Informationsoffensive zum Religionsunterricht unter dem Motto „Die Freiheit zu glauben, das Recht zu wissen" gestartet hat. Eine eindringliche, bestens orientierende Übersicht über die Rechtslage und die aktuellen Probleme jetzt bei *Stefan Mückl*, Staatskirchenrechtliche Regelungen zum Religionsunterricht, in: Archiv des öffentlichen Rechts 122 (1997) S. 513–556.

[55] Auch *Paul Mikat* hat einmal in einer bedeutsamen Studie daran angeknüpft: Bemerkungen zur Ortsbestimmung und Aufgabenstellung des deutschen Staatskirchenrechts (1974), in: *ders.*, Religionsrechtliche Schriften (Anm. 14) S. 413–429. Auf der Linie dieser Perspektive wertvoll auch *Peter Badura*, Das Grundgesetz vor der Frage des religiösen und weltanschaulichen Pluralismus, und *Joseph Listl*, Aktuelle Probleme des Staatskirchenrechts in der Bundesrepublik Deutschland, in: Religion, Recht und Politik, hrsg. v. Günther Baadte und Anton Rauscher, Graz 1997, S. 39–61 bzw. 63–113.

[56] *Ansgar Hense*, Flexible Kontinuität. Neuere Veröffentlichungen zum deutschen Staatskirchenrecht, in: Herder-Korrespondenz 51 (1997) S. 136–141.

[57] Vgl. dazu die Besprechungen von *Michael Stolleis* in der Zeitschrift für evangelisches Kirchenrecht 41 (1996) S. 435–437 u. 42 (1997) S. 477–481 und von *Christian Starck*, in: Deutsches Verwaltungsblatt 1997, S. 889–892.

[58] Staat, Kirchen und Religionsgesellschaften, in: Handbuch des Verfassungsrechts der Bundesrepublik Deutschland, hrsg. v. Ernst Benda, Werner Maihofer, Hans-Jochen Vogel, 2. Aufl., Berlin 1994, S. 1425–1455.

[59] Staatskirchenrecht. Ein Studienbuch, 3. Aufl., München 1996.

pretation unter der Prämisse der Trennungsidee und des Vorrangs der negativen Religionsfreiheit das Wort reden[60]. Das muß hier im einzelnen auf sich beruhen. Stattdessen soll an der höchstrichterlichen Rechtsprechung Maß genommen und Orientierung gesucht werden.

5. War die staatskirchenrechtliche Judikatur des Bundesverfassungsgerichts[61] lange Zeit von dem Bemühen um sachgerechte Entfaltung der einschlägigen Verfassungsnormen geprägt, so bedeutete die Kruzifix-Entscheidung – Beschluß des Ersten Senats vom 16. Mai 1995[62] – so etwas wie einen fatalen Querschläger. Das Judikat ist in der Tat eine Fehlentscheidung[63]. Zwei Hauptpunkte der Kritik sind hervorzuheben.

---

[60] Hier tun sich vor allem *Gerhard Czermak* und *Ludwig Renck* hervor. Von ersterem vgl. Staat und Weltanschauung. Eine Auswahlbibliographie. Mit einer Abhandlung zu Entwicklung und Gegenwartslage des sogenannten Staatskirchenrechts, Berlin-Aschaffenburg 1993. Aus der großen Zahl der Aufsätze von Ludwig Renck führe ich als Beleg nur einen jüngst erschienenen an: Der sogenannte Rang der Kirchenverträge, in: Die Öffentliche Verwaltung 1997, S. 929–938.

[61] Vgl. dazu meine oben Anm. 11 angeführten Rechtsprechungsberichte, die allerdings nur bis 1981 reichen. Für die nachfolgende Zeit ist insbesondere auf folgende Entscheidungen hinzuweisen: BVerfGE 66, 1 zur Konkursunfähigkeit kirchlicher Körperschaften des öffentlichen Rechts; E 70, 138 zur Reichweite des kirchlichen Selbstbestimmungsrechts im Arbeitsrecht; E 72, 278 zur Kirchenfreiheit im Bereich der Berufsbildung; E 73, 388 zur Ermächtigung der Kirchen, Kirchgeld zu erheben; E 74, 244 zur Teilnahme von Schülern eines anderen Bekenntnisses am Religionsunterricht; E 81, 58 zum „religiösen Existenzminimum" in der Perspektive des Asylrechts; E 83, 341 zur religiösen Vereinigungsfreiheit und zur Rechtssubjektivität einer Religionsgemeinschaft; E 90, 226 zur Berücksichtigung des Kirchensteuer-Hebesatzes bei der Berechnung des Arbeitslosengeldes.

[62] BVerfGE 93, 1.

[63] Die zahlreichen Stellungnahmen können hier nicht alle registriert werden; *Karlies Abmeier/Karl-Joseph Hummel* (Hrsg.), Der Katholizismus in der Bundesrepublik Deutschland 1980–1993. Eine Bibliographie. Paderborn 1997, S. 928–930 verzeichnen 29 Titel! Mit besonderem Nachdruck möchte ich aber verweisen auf die umfassende Analyse von *Martin Heckel*, Deutsches Verwaltungsblatt 1996, S. 453–482, auf *Axel Frhr. von Campenhausens* Stellungnahme (Archiv des öffentlichen Rechts 121, 1996, S. 448–464) sowie auf den von *Hans Maier* herausgegebenen Sammelband „Das Kreuz im Widerspruch. Der Kruzifixbeschluß des Bundesverfassungsgerichts in der Kontroverse" (Freiburg 1996) mit juristischen Beiträgen von *Josef Isensee* und *Alexander Hollerbach*. Bemerkenswert die Gegenüberstellung der Stellungnahmen von *Stefan Huster*, Das Kreuz in der Schule aus liberaler Sicht, und von *Winfried Brugger*, Das Kreuz in der Schule aus kommunitaristischer Sicht, in: Zentrum für interdisziplinäre Forschung der Unviersität Bielefeld. Mitteilungen 3/97, S. 4–14. Für die Beurteilung der Situation insgesamt ist natürlich auch die theologische Diskussion von Bedeutung. Vgl. dazu die einschlägigen Beiträge von *Thomas Söding*, *Karl Lehmann* und *Eduard Lohse* in dem soeben genannten Sammelband, ferner *Peter Steinacker*, Das Wort vom Kreuz und das „Kruzifix-Urteil" des Bundesverfassungsgerichtes. Gedanken zur Frage nach der Identität der Evangelischen Kirche, in: Zeitschrift für Evangelische Ethik 41 (1997) S. 7–23. Die Entscheidung des BVerfG hat auch in Österreich und in der Schweiz ein lebhaftes Echo gefunden und Untersuchungen angestoßen: *Herbert Kalb-Richard Puza-Brigitte Schinkele*, Das Kreuz in Klassenzimmer und Gerichtssaal, Freistadt 1996 (Religionsrechtliche Studien, 1) und *Walter Gut*, Kreuz und Kruzifix in öffentlichen Räumen, Zürich 1997.

(1) Wenn die Bayerische Landesverfassung, bestätigt durch eine frühere Entscheidung des Bundesverfassungsgerichts, legitimerweise in den Schulen die Unterrichtung und Erziehung „nach den Grundsätzen der christlichen Bekenntnisse" vorschreibt, kann es nicht falsch und unzulässig sein, das mit dem Symbol des Kreuzes zum Ausdruck zu bringen. Das Kreuz ist insoweit weder bloßes Kulturgut noch verpflichtendes Glaubenssymbol, wohl aber konzentrierter Inbegriff der für die Erziehung maßgebenden Grundsätze. In Anbetracht der Kompetenzverteilung im Sachbereich „Schule" kann dieser Sachverhalt auch nicht durch ein Bundesgrundrecht aus den Angeln gehoben werden.

(2) Die Entscheidung macht – jedenfalls im Ergebnis – die negative Religionsfreiheit gegenüber der positiven zum „Obergrundrecht"[64] und verkennt damit die Notwendigkeit des schonenden Ausgleichs[65]. Im dissenting vote der drei überstimmten Richter ist das überzeugend dargetan.

6. Gegenüber dieser enttäuschenden Entscheidung des Bundesverfassungsgerichts darf man gerade hier in Berlin auf zwei begrüßenswerte Judikate des Bundesverwaltungsgerichts hinweisen. Zum einen geht es um das Urteil vom 18. Juli 1996, mit dem der langwierige Rechtsstreit um die Errichtung eines theologischen Studienganges an der Universität Frankfurt am Main entschieden wurde[66]. Bekanntlich hat dieser Streit keinem geringeren als *Martin Walser* Anlaß zu literarischer Produktion gegeben: „Finks Krieg", so lautet der Titel eines Romans, der, was immer man von ihm halten mag, jedenfalls den Begriff Staatskirchenrecht sozusagen zur Ehre der

---

[64] So mit Recht die abweichende Meinung der Richterin Haas und der Richter Seidl und Söllner: BVerfGE 93, 1 (32).

[65] Darum bemüht sich – unter Respektierung der Entscheidung des Bundesverfassungsgerichts – der Bayerische Landesgesetzgeber, der in Art. 7 des Gesetzes über das Erziehungs- und Unterrichtswesen durch Gesetz v. 23. 12. 1995 (GVBl. S. 850) folgenden Absatz 3 eingefügt hat: „Angesichts der geschichtlichen und kulturellen Prägung Bayerns wird in jedem Klassenraum ein Kreuz angebracht. Damit kommt der Wille zum Ausdruck, die obersten Bildungsziele der Verfassung auf der Grundlage christlicher und abendländischer Werte und unter Wahrung der Glaubensfreiheit zu verwirklichen. Wird der Anbringung des Kreuzes aus ernsthaften und einsehbaren Gründen des Glaubens oder der Weltanschauung durch die Erziehungsberechtigten widersprochen, versucht der Schulleiter eine gütliche Einigung. Gelingt eine Einigung nicht, hat er nach Unterrichtung des Schulamts für den Einzelfall eine Regelung zu treffen, welche die Glaubensfreiheit des Widersprechenden achtet und die religiösen und weltanschaulichen Überzeugungen aller in der Klasse Betroffenen zu einem gerechten Ausgleich bringt; dabei ist der Wille der Mehrheit soweit möglich zu berücksichtigen". Der Bayerische Verfassungsgerichtshof hat in einer Entscheidung vom 1. August 1997 festgestellt, daß diese Bestimmung der Bayerischen Verfassung nicht widerspricht und daß auch § 31 BVerfGG dieser Feststellung nicht entgegensteht (Bayerische Verwaltungsblätter 1997, S. 686).

[66] BVerwGE 101, 309.

literarischen Altäre erhoben hat[67]. Das Bundesverwaltungsgericht hat in seinem Urteil ganz zu Recht das Selbstbestimmungsrecht der Kirchen im Bereich der wissenschaftlichen Theologie deutlich hervorgehoben und mit der Qualifizierung der Materie als „gemeinsame Angelegenheit" einseitigem Vorgehen des Staates Paroli geboten. Das stärkt die Notwendigkeit gegenseitiger Rücksichtnahme und partnerschaftlicher Verständigung[68]. Im übrigen möchte ich eine zentrale Aussage unterstreichen, die das Bundesverwaltungsgericht in diesem Zusammenhang getroffen hat: Es besteht ein „öffentliches Interesse, die Pflege theologischer Wissenschaft im Rahmen der universitas litterarum beizubehalten. Der zur Neutralität verpflichtete Staat hat ein legitimes Interesse daran, etwa mit Hilfe bekenntnisgebundener Studiengänge – deren Inhalte freilich allein in der Verantwortung der Religionsgesellschaften stehen – menschliche Wertorientierung zu fördern"[69].

Mag diese Entscheidung für das breite Publikum von geringerem Interesse sein, so ist das Gegenteil der Fall in bezug auf die fast noch ofenfrische Entscheidung des Siebten Senats vom 26. Juni 1997, mit dem den Zeugen Jehovas der Status als Körperschaft des öffentlichen Rechts versagt wurde[70]. In der Tat geht es hier um einen für die Grundstruktur unserer staatskirchenrechtlichen Ordnung bedeutsamen Sachverhalt. Überdies ist das Urteil ein Beleg dafür, daß auch kleinere Religionsgemeinschaften ins juristische Rampenlicht treten können.

Es ist hier nicht der Ort, dieses Urteil umfassend zu würdigen[71]. Ich will nur betonen, daß sich das Gericht um eine konsistente Verfassungsinterpretation bemüht und dabei Tendenzen zu formalistischer Entleerung entgegentritt. Es stärkt die Position des Staates in seinem Verhältnis zu den Religionsgemeinschaften und macht bewußt, daß das für die Verleihung der

---

[67] Frankfurt a. M. 1996. Zum Begriff „Staatskirchenrecht" vgl. dort etwa S. 43 und dann gegen Ende S. 304 mit der natürlich mehr als zweifelhaften, aber zugleich nachdenklich stimmenden Sentenz: „Die Zeiten, in denen das Staatskirchenrecht die Krone der Jurisprudenz war, sind gründlich vorbei. Heute arbeitet sich ein heller Kopf in diesen Bereich in drei Wochen ein. Selbst vom Sport muß man, will man ihn durch politische Entscheidungen fördern, mehr verstehen, als um das Religiöse zu fördern, vom Staatskirchenrecht".
[68] Die Entscheidung ist bei *Helmut Lecheler* auf ein kritisches Echo gestoßen: Die Rolle des Staates bei der Sicherung der Wissenschaftsfreiheit in der Theologie, in: Neue Juristische Wochenschrift 1996, S. 439–442. Zustimmend dagegen *Stefan Muckel*, Die Rechtsstellung der Kirche bei der Errichtung eines theologischen Studiengangs an einer staatlichen Universität, in: Deutsches Verwaltungsblatt 1997, S. 873–878.
[69] BVerfGE 101, 309 (316 f.).
[70] Neue Juristische Wochenschrift 1997, S. 2396.
[71] Einige Gedanken dazu in *meiner* Urteilsbesprechung in der Juristenzeitung 1997, S. 1117–1119. Siehe auch *Ralf B. Abel*, Zeugen Jehovas keine Körperschaft des öffentlichen Rechts, in: Neue Juristische Wochenschrift 1997, S. 2370–2372.

Körperschaftsrechte konstitutive Handeln des Staates von Voraussetzungen abhängig ist, die sein Selbstverständnis, letztlich seine Identität betreffen. Die maßgebende ratio decidendi lautet: Die Zeugen Jehovas bringen dem demokratisch verfaßten Staat „nicht die für eine dauerhafte Zusammenarbeit unerläßliche Loyalität" entgegen, weil sie den Mitgliedern ihrer Gemeinschaft unter Sanktion des Ausschlusses die Teilnahme an demokratischen Wahlen und damit die Mitwirkung bei der Herstellung demokratischer Legitimität staatlichen Handelns verbieten. Es geht dabei um eine spezifische Ausprägung des Merkmals der Rechtstreue, nämlich der schlechthin grundlegenden Anerkennung der Lebensprinzipien des freiheitlichen Verfassungsstaates, hier konkret des Prinzips demokratischer Partizipation und Legitimation. Damit wird ein wichtiges Element in den staatskirchenrechtlichen Diskurs eingeführt, das insbesondere auch in der Diskussion um den Körperschaftsstatus islamischer Gemeinschaften[72] eine Rolle spielen und diese veranlassen, ja zwingen wird, ihr grundsätzliches Verhältnis zum freiheitlichen Verfassungsstaat zu klären. Und auch im übrigen wird dieses begrüßenswerte Urteil, gegen das mittlerweile Verfassungsbeschwerde eingelegt wurde, seine Wirkung nicht verfehlen.

7. Damit ist ein Themenfeld berührt, das für die augenblickliche Situation charakteristisch ist und das auch die Gerichte beschäftigt[73], nämlich die Einordnung kleinerer, auch nichtchristlicher Religionsgemeinschaften und religiöser Bewegungen in das Gefüge der freiheitlichen Verfassungsordnung des Grundgesetzes. Mit anderen Worten: Es geht um die rechtliche Bewältigung des Supermarkts der religiösen Möglichkeiten, eines Phänomens, das naturgemäß mit dem Problem der zunehmenden Pluri- oder gar Multikulturalität[74] unserer Gesellschaft zusammenhängt. Es muß genügen, auf zwei Sachverhalte hinzuweisen:

---

[72] Dazu eingehend *Alfred Albrecht*, Die Verleihung der Körperschaftsrechte an islamische Vereinigungen, in: Kirche und Recht 1 (1995) S. 25–30; *Stefan Muckel*, Muslimische Gemeinschaften als Körperschaften des öffentlichen Rechts, in: Die öffentliche Verwaltung 1995, S. 311–317.

[73] Sehr instruktiv dazu *Ralf B. Abel*, Die Entwicklung der Rechtsprechung zu neueren Glaubensgemeinschaften, in: Neue Juristische Wochenschrift 1996, S. 91–95; *ders.*, Die aktuelle Entwicklung der Rechtsprechung zu neueren Glaubensgemeinschaften, ebenda 1997, S. 426–432.

[74] Im rechtswissenschaftlichen Schrifttum ist diese Frage, soweit ersichtlich, erstmals betont von *Johannes Hellermann* aufgegriffen worden: Multikulturalität und Grundrechte – am Beispiel der Religionsfreiheit, in: Allgemeinheit der Grundrechte und Vielfalt der Gesellschaft, hrsg. v. Christoph Grabenwarter u. a., Stuttgart 1994, S. 129–144. Ein bezeichnendes Schlaglicht auf die aktuelle Situation wirft folgender Buchtitel: Amt für multikulturelle Angelegenheiten der Stadt Frankfurt am Main (Hrsg.), Religionen der Welt. Gemeinden und Aktivitäten in der Stadt Frankfurt am Main, 1997 (vgl. Zeitschrift für evangelisches Kirchenrecht 42 [1997] S. 490).

(1) Das Bundesarbeitsgericht hatte die Frage zu entscheiden, ob die intensive Tätigkeit von Mitgliedern der Scientology-Organisation als bloße Beitragstätigkeit im Rahmen des Mitgliedsverhältnisses oder als Arbeitsverhältnis anzusehen ist. In einer Grundsatzentscheidung vom 22. März 1995[75] hat das Gericht das Vorliegen eines Arbeitsverhältnisses mit allen arbeits-, sozial- und steuerrechtlichen Konsequenzen bejaht. Es hat der Organisation den Charakter einer Religionsgemeinschaft oder gar Kirche abgesprochen und sich dafür insbesondere darauf berufen, daß es das erklärte Ziel der Organisation sei, ihr Vermögen mit allen Mitteln zu mehren. Religion und Weltanschauung seien lediglich Vorwand und Deckmantel für eine primär ökonomisch orientierte Tätigkeit. Wie brisant das alles ist, wird dadurch unterstrichen, daß Scientology nun auch mit den Mitteln des Verfassungsschutzes beobachtet und ein Vereinsverbot[76] erwogen wird[77].

(2) Mein zweiter Hinweis gilt der Enquete-Kommission „Sogenannte Sekten und Psychogruppen", die der Deutsche Bundestag am 9. Mai 1996 eingerichtet hat. Es ist die Aufgabe dieser Kommission, die mit dem Auftreten solcher Gemeinschaften und Gruppen verbundenen Probleme aufzuarbeiten und gegebenenfalls dem Gesetzgeber Normierungsvorschläge zu unterbreiten. Ein Zwischenbericht vom 27. Juni 1997[78] liegt jetzt vor, der viele wertvolle Einsichten vermittelt, der sich aber mit konkreten Vorschlägen noch zurückhält. In verfassungsrechtlicher Hinsicht wird betont, daß zum gegenwärtigen Zeitpunkt keine Erfordernisse für eine Verfassungsänderung vorliegen, um den mit sog. Sekten und Psychogruppen verbundenen Problemen wirksam zu begegnen. Es dürfte aber klar sein, daß die Debatte über die Grenzen der Religionsfreiheit und über die dem Selbstbestimmungsrecht der Religionsgemeinschaften gezogenen Schranken des für alle geltenden Gesetzes intensiviert werden muß.

8. Mit dem bisher Vorgetragenen habe ich nur Streiflichter zur aktuellen Situation des deutschen Staatskirchenrechts bieten können. Überdies sind einige Themen gar nicht zur Sprache gekommen, so etwa das Sonn- und Feiertagsrecht, auf das wegen der äußerst problematischen Abschaffung des Buß- und Bettags auch eine größere Öffentlichkeit aufmerksam

---

[75] Vgl. dazu im einzelnen *Abel* in dem in Anm. 73 an erster Stelle genannten Aufsatz, S. 92.

[76] Vgl. dazu *Hans W. Alberts*, Das Verbot von Weltanschauungs- und Religionsgemeinschaften, in: Zeitschrift für Rechtspolitik 1996, S. 60–64.

[77] Zur Rechtsproblematik im ganzen neuestens *Jörg Winter*, Scientology und neue Religionsgemeinschaften, in: Zeitschrift für evangelisches Kirchenrecht 42 (1997) S. 372–392.

[78] Deutscher Bundestag, 13. Wahlperiode, Drucksache 13/8170.

wurde[79], und die Problematik des sog. Kirchenasyls[80]. Aber schon aus zeitlichen Gründen ist es jetzt vordringlich, das mit der Formulierung des Vortragstitels gegebene Versprechen einzulösen, die bloße Binnenperspektive zu überschreiten und auch den europäischen Kontext zu beleuchten.

IV.

Erst im Laufe der 80er Jahre ist immer mehr bewußt geworden, daß sich die Staatskirchenrechtslehre auch um die europäische Dimension zu kümmern hat[81]. Zwar besitzen weder die Europäischen Gemeinschaften noch die Europäische Union direkte staatskirchenrechtliche Kompetenzen. Aber indirekte Auswirkungen ihrer Aktivitäten kündigten sich an oder waren konkret spürbar, so insbesondere im Medien- und im Datenschutzrecht. Die Erweiterung der Zuständigkeiten der Europäischen Union im Sozial- und Kulturbereich kam hinzu. Das ließ nicht nur den Wunsch entstehen, sich in Deutschland gegen Einwirkungen aus Brüssel abzuschirmen, sondern verwies ganz grundsätzlich auf die Bedeutsamkeit dieser Materie für die europäische Entwicklung[82]. Das hat zu Bemühungen geführt, die Phä-

---

[79] Vgl. dazu die zusammenfassende Darstellung von *Karl-Hermann Kästner*, Der Sonntag und die kirchlichen Feiertage, in: Handbuch des Staatskirchenrechts der Bundesrepublik Deutschland, 2. Aufl., Bd. II (1996) S. 337–368.

[80] Wichtig dazu jetzt die Stellungnahme der Kirchen: „... und der Fremdling, der in deinen Toren ist." Gemeinsames Wort der Kirchen zu den Herausforderungen durch Migration und Flucht, Bonn–Frankfurt a. M.–Hannover 1997, S. 98–100. Eingehende Problembehandlung zuletzt bei *Max-Emanuel Geis*, Kirchenasyl im demokratischen Rechtsstaat, in: Juristenzeitung 1997, S. 60–67, allerdings mit einer Tendenz, die die Entscheidungskompetenz des Staates ins Zwielicht bringt. Vgl. demgegenüber *Andrea u. Henning Radtke*, „Kirchenasyl" und die strafrechtliche Verantwortlichkeit von Mitgliedern des Kirchenvorstandes, in: Zeitschrift für evangelisches Kirchenrecht 42 (1997) S. 23–60.

[81] Erster Bilanzierungsversuch bei *Alexander Hollerbach*, Europa und das Staatskirchenrecht, in: Zeitschrift für evangelisches Kirchenrecht 35 (1990) S. 250–283. Nach dem Stand von 1994 zusammenfassend *Gerhard Robbers*, Europarecht und Kirchen, in: Handbuch des Staatskirchenrechts, 2. Aufl., Bd. I, S. 315–332. Das Thema „Europa" war nun auch schon dreimal Gegenstand der Essener Gespräche: Bd. 27 (1993): Die Einigung Europas und die Staat-Kirche-Ordnung, mit Referaten von *Otto Kimminich, Jochen Abr. Frowein und Gerhard Robbers;* Bd. 29 (1995): Die Neuordnung des Verhältnisses von Staat und Kirche in Mittel- und Osteuropa, mit Referaten von *Otto Luchterhandt, Alojzy Orszulik, Paul Roth, Frantisek Lobkowicz und Peter Erdö;* Bd. 31 (1997): Die Staat-Kirche-Ordnung im Blick auf die Europäische Union, mit Referaten von *Christian Starck, Rudolf Streinz und Hermann Lübbe*. Hilfreicher Überblick jetzt auch bei *Christoph Link*, Staat und Kirche im Rahmen des europäischen Einigungsprozesses, in: Zeitschrift für evangelisches Kirchenrecht 42 (1997) S. 130–154.

[82] Illustrativ dazu: Zum Verhältnis von Staat und Kirche im Blick auf die Europäische Union. Gemeinsame Stellungnahme zu Fragen des europäischen Einigungsprozesses, hrsg. v. Kirchenamt der Evangelischen Kirche in Deutschland u. v. Sekretariat der Deutschen Bischofskonferenz, 1995 (Gemeinsame Texte 4). Wichtig jetzt auch: Rat der Euro-

nomene Religion und Kirche im europäischen Vertragswerk zu verankern, ihnen zumindest einen Platz zuzuweisen. Am Ende stand nach z. T. schwierigen Konsultationen auf kirchlicher und staatlicher Seite der Vorschlag eines Religionsartikels für die Regierungskonferenz von Amsterdam, und zwar mit folgendem Wortlaut: „Die Europäische Union achtet die verfassungsrechtliche Stellung der Religionsgemeinschaften in den Mitgliedstaaten als Ausdruck der Identität der Mitgliedstaaten und ihrer Kulturen sowie als Teil des gemeinsamen kulturellen Erbes". Dabei wurde, wie der Kenner heraushört, insbesondere an Art. F des Vertrages von Maastricht angeknüpft[83]. Diesen Bemühungen ist kein voller Erfolg beschieden gewesen. Aber es wurde jedenfalls eine Erklärung zur Schlußakte von Amsterdam angenommen, die folgenden Wortlaut hat: „Die Union achtet den Status, den Kirchen und religiöse Vereinigungen oder Gemeinschaften in den Mitgliedstaaten nach deren Rechtsvorschriften genießen, und läßt ihn unangetastet. Ebenso achtet die Union den Status von weltanschaulichen und nichtkonfessionellen Organisationen"[84].

Ein erster Schritt ist damit getan. Die Europäische Union nimmt – mit deutscher Terminologie gesprochen – Kirchen und Religionsgemeinschaften sowie Weltanschauungsgemeinschaften, also überhaupt Religion und Weltanschauung, offiziell zur Kenntnis und bestätigt die jeweilige nationale Kompetenz[85]. Im übrigen wird weiter daran gearbeitet und dafür geworben

päischen Bischofskonferenzen, Religion als Privatsache und als öffentliche Angelegenheit. Kirche in pluralistischen Gesellschaften. Dokumente des IX. Symposiums der europäischen Bischöfe Rom 1996, zusammengestellt und eingeleitet v. Helmut Steindl, Köln 1997.

[83] Art. F Abs. 1: „Die Union achtet die nationale Identität ihrer Mitgliedstaaten, deren Regierungssysteme auf demokratischen Grundsätzen beruhen". – Abs. 2: „Die Union achtet die Grundrechte, wie sie in der am 4. November 1950 in Rom unterzeichneten Europäischen Konvention zum Schutze der Menschenrechte und Grundfreiheiten gewährleistet sind und wie sie sich aus den gemeinsamen Verfassungsüberlieferungen der Mitgliedstaaten als allgemeine Grundsätze des Gemeinschaftsrechts ergeben".

[84] Der englische Text lautet: "The Union will respect and does not prejudice the status under national law of churches and religious associations or communities in Member States. The Union will equally respect the status of philosophical and non-confessional organizations".

[85] Zur rechtlichen Würdigung siehe jetzt insbesondere *Gerhard Robbers*, Partner für die Einigung. Die Kirchenerklärung der Europäischen Union, in: Herder-Korrespondenz 1997, S. 622–626. Ihm ist es auch zu verdanken, daß man sich jetzt leicht einen Überblick über das Staat-Kirche-Verhältnis in den Mitgliedstaaten der Europäischen Union verschaffen kann. Siehe den von ihm herausgegebenen Sammelband: Staat und Kirche in der Europäischen Union, Baden-Baden 1995, ein Werk, das mittlerweile auch auf englisch und französisch erschienen ist. Es steht im Zusammenhang mit den Aktivitäten des European Consortium for State and Church Research, einer Gruppe von Experten aus den Mitgliedstaaten der Europäischen Union. Darüber berichtet seit 1994, ediert von *Rik Torfs*, auch eine jährlich erscheinende Publikation: European Journal for Church and State Research/Revue Européenne des relations Églises-État. In diesem Jahrbuch erscheinen jeweils Berichte über die Entwicklungen in den einzelnen Staaten.

werden müssen, daß für die Entwicklung des Europarechts als solchen und auch für die Handhabung des bestehenden Rechts französisches Staat-Kirche-Denken und die entsprechende, ganz auf „Trennung" gerichtete Mentalität, die in Brüssel vorzuherrschen scheint, nicht das Maß aller Dinge sein können. Das gilt erst recht dann, wenn überhaupt die Europäische Union mehr und mehr verfassungsstaatliche Struktur annimmt. Dann wird sich zeigen, daß eine Ordnung, will sie up to date sein, sich nicht mit der Gewährleistung der Religionsfreiheit begnügen kann und daß sich auf dem Weg zu einer europäischen Rechtskultur[86] noch stärker als jetzt die Frage nach den verfassungsethischen Fundamenten des Staatenverbundes Europa und damit nach dem Stellenwert auch von Religion stellt. Dazu hat das deutsche Recht, haben deutsche Erfahrungen etwas beizutragen. Sie können auch und gerade im Blick auf Europa bewußt machen, daß es der Anerkennung gemeinsamer Wertgrundlagen bedarf.

Aber, so lautet ein beliebter Einwand, ist denn das deutsche staatskirchenrechtliche System nicht so einmalig, ein so traditionsverhaftetes Unikat, daß in anderen Ländern nicht mit größerem Verständnis dafür gerechnet werden kann? Schon vor dreißig Jahren indes hat *Hans Maier* von der „Erosion" der traditionellen Modellformen und rechtlichen Ausgestaltungen in ihren ideologisch-soziologischen Grundlagen gesprochen[87]. Damals schon war es klarer vergleichender Befund, daß eine Trennungskonzeption unter den Bedingungen moderner pluralistischer Gesellschaftsordnungen zum Scheitern verurteilt ist, wenn sie in ideologischem Rigorismus und Purismus nach positivistischer Manier versuchen wollte, eine fein säuberliche, Religiosität und Kirchlichkeit in den Raum des für die öffentliche Ordnung Indifferenten und Beliebigen abdrängende Trennung zu verwirklichen. Zutreffend wurde beobachtet, daß der moderne demokratische Staat dahin tendiert, „extreme Polarisierungen zu vermeiden und die Gegensätze (von Einheit und von Trennung) in einem System des Ausgleichs sich einpendeln zu lassen"[88]. Jedenfalls sind gerade unter diesem universalen Aspekt die Entscheidungen von Weimar und von Bonn nicht ohne Vernunft. Sie haben sich in ihrer Kompromißhaftigkeit und der damit gegebenen Offenheit als wirklichkeitsgemäßer und wirkkräftiger als Retortenlösungen erwiesen.

---

[86] Dazu ungemein anregend und wegweisend *Peter Häberle*, Europäische Rechtskultur. Versuch einer Annäherung in zwölf Schritten, Baden-Baden 1997.

[87] Kirche und Staat seit 1945. Ihr Verhältnis in den wichtigsten europäischen Ländern, in: Geschichte in Wissenschaft und Unterricht 1963, S. 558 ff.; 694 ff.; 741 ff. Vgl. dazu auch *mein* Frankfurter Referat (Anm. 1) S. 67 f.

[88] So *Hans Maier* in seinem Referat beim ersten Essener Gespräch: Kirche-Staat-Gesellschaft, Bd. 1 (1967) S. 17.

Ich kann mich aber auch auf einen brandneuen Text berufen. So hat jüngst *Gerhard Robbers* zur Entwicklung des Staatskirchenrechts in Europa die „These der Konvergenz" vertreten und sie folgendermaßen erläutert: „Wir erleben eine graduelle, vorsichtige Entstaatlichung von Staatskirchen einerseits und eine zunehmende Kooperationsbereitschaft der Trennungssysteme andererseits. Das ist nicht überall so, und wo es geschieht, geschieht es in unterschiedlichem Maße und in unterschiedlicher Geschwindigkeit. Es ist in Spanien, Portugal und Italien geschehen und es geschieht gegenwärtig in Schweden, Finnland und England, in anderer Richtung in Frankreich"[89].

Im Hinblick auf diesen Sachverhalt darf man wohl sagen: Wenn das deutsche System die Grundelemente wechselseitige Freiheit und faire Zusammenarbeit, Inkommensurabilität und Kommunikation, Distanz und Nähe, kritisches Gegenüber und partnerschaftlich loyales Miteinander zum Ausgleich bringt, dann darf es wohl als mittlere, die Extreme vermeidende Lösung in historischer und vergleichender Perspektive Modernität, ja vielleicht sogar Vorbildhaftigkeit und Zukunftsträchtigkeit für sich in Anspruch nehmen. Lebenskräftig ist es freilich nur, wenn es in der Gesellschaft Akzeptanz findet und wenn insbesondere die Kirchen in der Lage sind, den ihnen gebotenen Rahmen glaubwürdig auszufüllen. Und so müssen diese sich denn immer wieder der skeptischen und selbstkritischen Frage stellen, die man am besten mit der Bibel selbst formuliert: „Wenn aber das Salz seine Kraft verliert, womit soll es dann selber gesalzen werden?"[90]

V.

Staat und Religion – das ist die übergreifende Perspektive, innerhalb deren sich dieser Vortrag bewegt[91]. Die Antworten, die das deutsche Staatskirchenrecht oder die das sich anbahnende europäische Religionsrecht geben, stehen in diesem größeren, umfassenderen Zusammenhang. Man

---

[89] Das Verhältnis von Staat und Kirche in Europa, in: Zeitschrift für evangelisches Kirchenrecht 42 (1997) S. 122–129 (127). Zur Situation und Diskussion in der Schweiz siehe die aufschlußreiche Publikation von *Adrian Loretan* (Hrsg.), Kirche-Staat im Umbruch. Neuere Entwicklungen im Verhältnis von Kirchen und anderen Religionsgemeinschaften zum Staat, Zürich 1995. Interessantes Material zu Österreich und den osteuropäischen Staaten bei *Rudolf Weiler-Andreas Laun* (Hrsg.), Die Entwicklung der Beziehungen zwischen Kirche und Staat, Wien 1991.

[90] Mt. 5, 13; Mk. 9, 50.

[91] Beste Orientierung dazu findet man bei *Axel Frhr. v. Campenhausen*, Der heutige Verfassungsstaat und die Religion, in: Handbuch des Staatskirchenrechts I (1994), S. 47–84. Grundsatzüberlegungen auch bei *Hans-Martin Pawlowski*, Das Verhältnis von Staat und Kirche im Zusammenhang der pluralistischen Verfassung, in: Der Staat 28 (1989) S. 353–375, ferner bei *Thomas Fleiner-Gerster*, Moderne Kirche im modernen Staat, in: Jahrbuch des öffentlichen Rechts N. F. 43 (1995) S. 19–30.

könnte sogar von einer globalen Perspektive sprechen[92]. Aber wo hier allgemeine Kriterien und festen Halt finden? Die Disziplin der Allgemeinen Staatslehre hat diese Thematik seit langem sträflich vernachlässigt[93]. Auch für die allgemeine Religionswissenschaft scheint es kein Thema von prinzipiellem Rang zu sein. Dabei zeigen sich Relevanz und Dringlichkeit der Frage gerade derzeit besonders deutlich. Ein paar Schlaglichter: Der Zusammenbruch des Ostblocks und die Diskreditierung, ja der Bankrott des Marxismus-Leninismus sind ein Beweis dafür, daß mit einem Absterben der Religion nicht gerechnet werden kann. Der völlig religionslose oder religionsfreie Mensch ist Utopie. Es bewahrheitet sich, daß Religion – verstanden im Sinne der Öffnung für und der Bindung an etwas, das den Menschen übersteigt und ihm zugleich Sinn und Halt gibt – ein Anthropologicum ersten Ranges ist und gerade nicht eine Erscheinungsform der Entfremdung, sondern im Gegenteil des Bei-sich-selbst-Seins, der Identität. Warum? Weil Religion höchste Artikulation von Freiheit ist, die im Absoluten ihren Stand hat. Dann aber ist jedenfalls die Potenz zur Religion so sehr konstitutives Element menschlicher Würde, daß Ausrottung oder auch „Euthanasie" der Religion den Menschen in seinem Wesen zutiefst verletzt, daß einer Staats- und Gesellschaftsordnung, die darauf ausgerichtet ist, die Inhumanität auf die Stirn geschrieben ist[94]. Vielleicht kann man auf das Phänomen der Unausrottbarkeit von Religion in einer Umformung den bekannten, auf Natur gemünzten Horaz-Vers anwenden: „religionem expellas furca tamen usque recurrit" (ep. 1, 10, 24).

Aber, trotz der Bedeutsamkeit der Lehre, die man aus der angedeuteten historisch-politischen Erfahrung der jüngsten Zeit ziehen muß: der Vernichtungskampf gegen Religion, die Befreiung des Menschen von Religion, bezeichnet nicht die entscheidende heutige Problemlage. Kennzeichnend sind – ganz im Sinne eines Denkens in den Kategorien der sog. Postmoderne[95] – eher religiöser Pluralismus und die Einordnung von Religion in eine bunte Palette von Sinnangeboten, sind die Pendelausschläge zwischen

---

[92] Mit „Globale Perspektiven" wurde 1992 der 6. Band der 7. Auflage des Staatslexikons eingeleitet. Vgl. dort den Beitrag von *Horst Bürkle* über „Die Religionen" (S. 67–76) und *meinen* Beitrag über „Recht" (S. 38–47).

[93] Zu Recht hat *Ernst-Wolfgang Böckenförde* einmal darauf hingewiesen: Bemerkungen zum Verhältnis von Staat und Religion bei Hegel, in: Der Staat 21 (1982) S. 481 (Anm. 1).

[94] Zu dieser Thematik habe ich mich früher schon einmal aus Anlaß eines Kolloquiums zum 70. Geburtstag von Hans Ryffel geäußert: Erwägungen zum Verhältnis von Recht und Religion im Hinblick auf eine philosophische Anthropologie des Politischen, in: Vom normativen Wandel des Politischen, hrsg. v. Erk Volkmar Heyen, Berlin 1984, S. 173–180.

[95] Erhellend dazu jüngst *Walter Kasper*, Die Kirche angesichts der Herausforderung der Postmoderne, in: Stimmen der Zeit 1997, S. 651–664.

Fundamentalismus einerseits und Relativismus andererseits[96]. Aber auch
und gerade unter dieser Prämisse geht es in rechtlicher Perspektive letztlich
um die rechte Verhältnisbestimmung, um die konstruktive Zuordnung von
Staat und Religion. In dieser Hinsicht gilt der aufmerksame Blick des in-
teressierten Beobachters der islamischen Staatenwelt im ganzen[97], und er
gilt – gerade für uns Deutsche – ganz besonders der Türkei einerseits[98] und
Israel andererseits[99], wo unterschiedliche Grundkonzeptionen miteinander
ringen, ja wo teils latent, teils offen veritable Kulturkämpfe im Gange sind.
In den Auseinandersetzungen auf dem Balkan ist auch wieder das vielfach
bestehende Näheverhältnis von Nation und Religion bewußt geworden,
wie es uns aber auch innerhalb des westlichen Christentums oft leidvoll in
Nordirland vor Augen geführt wird. So könnte man fortfahren und dabei
nicht zuletzt weltweit auftretende Erscheinungen eines militanten Fundamentalismus einbeziehen, die eine neue Facette in die Problematik der Verhältnisbestimmung von Staat und Religion einbringen[100].

Woher kommt uns Hilfe? Aus welcher Richtung lassen sich Lösungen
erhoffen? Gibt es universal geltende Prinzipien für eine rechtliche Ordnung? Gibt es sozusagen *das* richtige Staatskirchen- oder Religionsrecht?

Auch wenn man dessen eingedenk ist, daß es uns in der vom Christentum geprägten Staatenwelt nicht ansteht, gegenüber anderen Kulturen mit
ihren spezifischen religiösen Prägungen mit missionarischem Eifer aufzu-

---

[96] Hier kann selbstverständlich keine umfassende Information über den aktuellen
Stand der Religionssoziologie gegeben werden. Zu verweisen ist aber auf zwei grundle-
gende Werke: *Peter L. Berger,* Sehnsucht nach Sinn. Glauben in einer Zeit der Leicht-
gläubigkeit, 2. Aufl., Frankfurt/Main 1995; *Franz-Xaver Kaufmann,* Religion und Modernität. Sozialwissenschaftliche Perspektiven, Tübingen 1989. Sehr schätzenswert sodann *Reinhart Hummel,* Religiöser Pluralismus oder christliches Abendland? Herausforderung an Kirche und Gesellschaft, Darmstadt 1994; *Gottfried Küenzlen,* Der Neue
Mensch. Zur säkularen Religionsgeschichte der Moderne, 2. Aufl., München 1994; *Karl
Gabriel* (Hrsg.), Religiöse Individualisierung oder Säkularisierung. Biographie und
Gruppe als Bezugspunkte moderner Religiosität, Gütersloh 1996 (Veröffentlichungen
der Sektion Religionssoziologie in der Deutschen Gesellschaft für Soziologie, 1); *Karl-
Fritz Daiber,* Religion unter den Bedingungen der Moderne. Die Situation in der Bundesrepublik Deutschland, Marburg 1995.
[97] Grundorientierung bei *Stefan Wild,* Art. Islam, in: Staatslexikon, 7. Aufl., Bd. III
(1987) Sp. 194–206.
[98] Grundorientierung bei *Volker Höhfeld-Christian Rumpf-Klaus Kreiser,* Art. Türkei, ebenda Bd. VII (1993) Sp. 701–707.
[99] Grundorientierung bei *Hartmut Eichenauer-Michael Wolffsohn-Klaus Wähler-
Horst Siebeck,* Art. Israel, ebenda Sp. 678–684.
[100] Zum Generalthema „Fundamentalismus" besteht auch innerhalb der Rechtswis-
senschaft Diskussionsbedarf. *Friedhelm Hufen* hat das Verdienst, die Thematik erstmals
deutlich erörtert zu haben: Fundamentalismus als Herausforderung des Verfassungsrechts und der Rechtsphilosophie, in: Staatswissenschaften und Staatspraxis 1992,
S. 455–485.

treten, darf doch als erstes und wichtigstes Prinzip und Kriterium das her-
ausgestellt werden, was man die christliche Gewaltenteilung zu nennen
pflegt, also die Grundunterscheidung zwischen geistlich und weltlich, zwischen religiös und politisch, zwischen kirchlich und staatlich[101]. Damit ist
notwendigerweise verknüpft die Gewährleistung des Menschenrechts auf
Religionsfreiheit sowohl in ihrer negativen wie in ihrer positiven Dimension; aber auch die Garantie von Selbstbestimmung oder Autonomie religiöser Gemeinschaften, und zwar in grundsätzlicher Parität, d. h. Gleich-
berechtigung.

Also: Religionsfreiheit und Trennung von Staat und Religion – und
damit wäre alles erledigt? Das wäre indes eine haltlose Illusion und würde
verkennen, daß Staat und Religion wegen ihres Bezugs zum gleichen Menschen im wahrsten Sinne des Wortes untrennbar miteinander verbunden
sind. Überdies: Es gibt weder den Retortenstaat noch die Retortenreligion,
sondern jeweils konkrete Formen mit spezifischer Geschichte und Eigen-
art. Demgemäß gibt es auch keine Retortenverfassung. In diesem Sinne wie-
derhole und bekräftige ich ein von mir schon mehrfach[102] gebrauchtes Dik-
tum: Der Staat ist kein wesenloses, abstraktes Neutrum, sondern ein Wesen
aus Fleisch und Blut, d. h. eine historisch, politisch und kulturell geprägte
Individualität, die auch von religiösen Elementen und Erfahrungen mitbe-
dingt ist. Wenn man von dieser Einsicht ausgeht, dann hat man für die
juristische Betrachtungsweise den Ort gefunden, an dem – oberhalb der aus
Religionsfreiheit und Selbstbestimmung einerseits, organisatorischer Trennung und Neutralität andererseits gebildeten Basis oder minimum condi-
tion – die konkreten Zuordnungsprobleme ihren Platz haben und von dem
aus durch Verfassung, Gesetz und Vertrag die sachgemäßen und zeitge-
rechten Lösungen gefunden werden können. Das bedeutet, mit anderen
Worten gesagt: hier auf der zweiten Ebene oder Stufe kann es auch unterschiedliche Optionen geben. Hier findet gewissermaßen der konkrete

---

[101] Unter diesem grundsätzlichen Aspekt eine eindrucksvolle Skizze der historischen
Entwicklung bei *Ernst-Wolfgang Böckenförde*, Die stufenweise Auflösung der Einheit
von geistlich-religiöser und weltlich-politischer Ordnung in der Verfassungsentwicklung
der Neuzeit, in: Gerhard Dilcher-Norbert Horn (Hrsg.), Sozialwissenschaften im Stu-
dium des Rechts, Bd. IV: Rechtsgeschichte, München 1978, S. 43–53. Zu den geschichtlichen Entwicklungen wertvolle Beiträge bei *Hartmut Lehmann* (Hrsg.), Säkularisierung,
Dechristianisierung, Rechristianisierung im neuzeitlichen Europa, Göttingen 1997.
[102] Vgl. zuletzt das unter die Überschrift „Der Staat ist kein Neutrum" gestellte In-
terview mit der Herder-Korrespondenz aus Anlaß der Kruzifix-Entscheidung des Bundesverfassungsgerichts: 1995, S. 536–541. Eine bemerkenswerte Formulierung für den
gleichen Sachverhalt bei *Joachim Burmeister*, Das Verhältnis von Staat und Kirche unter
dem Grundgesetz, in: Staat und Recht. Festschrift für Günther Winkler, hrsg. v. Herbert
Haller u. a., Wien 1997, S. 139–159 (159): „Auch der religiös-neutrale Staat kann sein Her-
kommen nicht verleugnen und die historisch vermittelten und kulturell verwurzelten
Grundwerte abstreifen, ohne sich moralisch-sittlich zu entkernen".

staatskirchenrechtliche Diskurs statt, also der Diskurs über Körperschaftsstatus, Religionsunterricht, theologische Fakultäten, Militärseelsorge, Kir-
chensteuer, Mitwirkung im Sozialsystem usw.

Sofern dabei auch immer wieder die Legitimationsfrage gestellt und etwa
de constitutione ferenda diskutiert wird, wird man noch einmal auf die
Grundfrage nach dem Verhältnis von Staat und Religion zurückgeführt, um
nicht zu sagen: zurückgestoßen. Und hier ist es fast unvermeidlich, eine viel
gebrauchte Sentenz von *Ernst-Wolfgang Böckenförde* ins Spiel zu bringen,
die eine zentrale Einsicht ausspricht und den Nagel auf den Kopf trifft. Sie
lautet: „Der freiheitliche, säkularisierte Staat lebt von Voraussetzungen, die
er selbst nicht garantieren kann"[103]. In einer etwas anderen Wendung heißt
es bei *Böckenförde*: Der Staat ist „ungeachtet der erreichten Souveränität
nicht mehr eine sich selbst genügende societas perfecta, vielmehr zu seiner
eigenen Fundierung und Erhaltung auf andere Mächte und Kräfte ange-
wiesen"[104]. Es lohnt sich, sich den Kontext zu vergegenwärtigen, in dem
diese fundamentale Aussage steht. Sie hat ihren Platz in einer auch schon
30 Jahre alten Abhandlung über „Die Entstehung des Staates als Vorgang
der Säkularisation". Hier wird gezeigt, wie in Europa, befördert durch die
religiösen Bürgerkriege, der Staat, ja die weltliche Ordnung überhaupt, sich
von überkommenen religiösen Autoritäten und Bindungen emanzipiert,
wie der Staat sich gewissermaßen auf sich selbst stellt. Aber geben Säkula-
rität und Freiheit bzw. Selbstbestimmung genügend Halt? Ausdrücklich
wird gefragt: „Wie weit können staatlich geeinte Völker allein aus der Gewährleistung der Freiheit des einzelnen leben ohne ein einigendes Band, das
dieser Freiheit vorausliegt?" Oder mit einer anderen Wendung: „Woraus
lebt der Staat, worin findet er die ihn tragende, homogenitätsverbürgende
Kraft und die inneren Regulierungskräfte der Freiheit, deren er bedarf,
nachdem die Bindungskraft aus der Religion für ihn nicht mehr essentiell
ist und sein kann?"[105] Die vorhin zitierte Sentenz ist nun eine erste Antwort
auf diese Frage, und es folgt die kommentierende Erläuterung: „Das ist das
große Wagnis, das er (sc. der säkularisierte Staat), um der Freiheit willen,
eingegangen ist. Als freiheitlicher Staat kann er einerseits nur bestehen,

---

[103] Die Entstehung des Staates als Vorgang der Säkularisation, in: Säkularisation und
Utopie. Ebracher Studien. Ernst Forsthoff zum 65. Geburtstag, Stuttgart 1967, S. 75–94
(S. 93). Dieser Aufsatz ist auch enthalten in dem Sammelband Recht, Staat, Freiheit. Studien zur Rechtsphilosophie, Staatstheorie und Verfassungsgeschichte, Frankfurt a. M.
1991, S. 92–114 (S. 112).

[104] Stellung und Bedeutung der Religion in einer „Civil Society", in: Internationale
Katholische Zeitschrift „Communio" 18 (1989) S. 584–597 (591).

[105] AaO S. 92. Diese Frage ist gerade neuerdings wieder mit aller Eindringlichkeit gestellt worden: *Franz-Xaver Kaufmann*, Was hält die Gesellschaft heute zusammen? In
der sich globalisierenden Welt nehmen die Bindekräfte ab, in: Frankfurter Allgemeine
Zeitung Nr. 256 v. 4. November 1997.

wenn sich die Freiheit, die er seinen Bürgern gewährt, von innen her, aus der moralischen Substanz des einzelnen und der Homogenität der Gesellschaft, reguliert. Andererseits kann er diese inneren Regulierungskräfte nicht von sich aus, d. h. mit den Mitteln des Rechtszwanges und autoritativen Gebots, zu garantieren suchen, ohne seine Freiheitlichkeit aufzugeben und – auf säkularisierter Ebene – in jenen Totalitätsanspruch zurückzufallen, aus dem er in den konfessionellen Bürgerkriegen herausgeführt hat". In diesem Zusammenhang wird dann auch weiter betont, daß kein Weg über die Schwelle von 1789 zurückführe, ohne den Staat als die Ordnung der Freiheit zu zerstören.

In dieser in sich einleuchtenden Passage werden die Kräfte, die Halt geben, aus denen der Staat lebt, mit „moralische Substanz des einzelnen" und „Homogenität der Gesellschaft" apostrophiert. Aber diese beiden Elemente führen uns jedenfalls in der heutigen Situation erst recht in Schwierigkeiten. Gibt es überhaupt noch genügend moralische Substanz des einzelnen und wo kommt sie her? Gibt es überhaupt Moral im Singular? Das Dilemma spitzt sich dahin zu, daß für viele das Recht die Moral ersetzt, obwohl doch das Recht nur eine fragmentarische, der Moral gerade Raum lassende und ergänzungsbedürftige Ordnung ist. Und gibt es denn angesichts fortschreitender Individualisierung und Privatisierung, Fragmentarisierung und Pluralisierung überhaupt noch so etwas wie die „Homogenität" der Gesellschaft, und dies in einem lange geteilt gewesenen Land wie dem unsrigen? Meines Erachtens muß man die Halte- bzw. Bezugspunkte anders bestimmen, nämlich als Anerkennung von Grundwerten[106] und Praktizierung von Werthaltungen, und hier spielen zweifellos Toleranz, Solidarität und Gemeinsinn eine entscheidende Rolle. Sie erst schaffen die Bedingungen der Möglichkeit von Pluralismus.

Bis dahin war im Zusammenhang mit der vorhin herausgestellten Sentenz von Religion oder Kirche nicht ausdrücklich die Rede. Man kann hierfür allenfalls beim Begriff der moralischen Substanz oder auch der Homogenität der Gesellschaft eine Brücke oder einen Ansatzpunkt finden. Ganz am Ende erst läßt *Böckenförde* sozusagen die Katze aus dem Sack, erst jetzt kommt die Sinnspitze seiner Ausführungen zum Vorschein. Zuspitzend fragt er nämlich, worauf sich der freiheitliche, säkularisierte Staat „am Tag der Krise" stützt. Die Frage wird formaliter mit einer weiteren Frage be-

---

[106] Klärend dazu *Karl Lehmann*, Art. Grundwerte, in: Staatslexikon, 7. Aufl., Bd. II (1986) Sp. 1131–1137. Vgl. im übrigen die unterschiedlichen Positionen, wie sie bei *Ernst-Wolfgang Böckenförde* einerseits (Zur Kritik der Wertbegründung des Rechts, in: *ders.*, Recht, Staat, Freiheit, Frankfurt a. M. 1991, S. 67–91) und *Gerhard Robbers* andererseits (Zur Verteidigung einer Wertorientierung in der Rechtsdogmatik, in: Rechtspositivismus und Wertbezug des Rechts, hrsg. v. Ralf Dreier, Stuttgart 1990, S. 162–172, ARSP Beiheft Nr. 37) zum Ausdruck kommen.

antwortet, die freilich wohl doch nicht nur Frage bleibt, sondern eine affirmative, thetische Antwort enthält: „So wäre denn noch einmal ... zu fragen, ob nicht auch der säkularisierte weltliche Staat letztlich aus jenen inneren Antrieben und Bindungskräften leben muß, die der religiöse Glaube seiner Bürger vermittelt. Freilich nicht in der Weise, daß er zum ‚christlichen‘ Staat rückgebildet wird, sondern in der Weise, daß die Christen diesen Staat in seiner Weltlichkeit nicht länger als etwas Fremdes, ihrem Glauben Feindliches erkennen, sondern als die Chance der Freiheit, die zu erhalten und zu realisieren auch ihre Aufgabe ist"[107]. Die „Voraussetzungen", von denen die Sentenz spricht, liegen also im religiösen Glauben der Bürger, und dementsprechend richten sich die Erwartungen des Staates darauf. Zwar ist hier ohne weitere Spezifizierung von „religiösem Glauben" die Rede. Aus dem Kontext ergibt sich aber eindeutig, daß damit nur der christliche Glaube gemeint sein kann. Bei dieser grundsätzlichen Positionsbestimmung dürfte der konfessionelle Unterschied keine Rolle spielen. Wohl aber richtet sich die Schlußerwägung eindeutig an die katholische Adresse, wenn hier die Akzeptanz des Prinzips Freiheit gefordert und damit für die Versöhnung von freiheitlicher Demokratie und Kirche eingetreten wird – als *Böckenförde* 1967 seine These vortrug, war das 2. Vatikanische Konzil, das in diesem Versöhnungsprozeß einen wesentlichen Schritt getan hatte, gerade erst zwei Jahre alt.

Wie immer man diese Aussage im einzelnen zu interpretieren hat, dem religiösen Glauben, der christlichen Botschaft wird damit eine eminent politische Rolle, ja eine im wahrsten Sinne des Wortes staatstragende und staatserhaltende Rolle zuerkannt. Hier muß man sich freilich deutlich daran erinnern, daß der freiheitliche, säkularisierte Staat diese Voraussetzungen, also insbesondere die Maßgeblichkeit der christlichen Botschaft nicht garantieren kann. Aber auch hier muß man beim Umgang mit der Böckenförde-Formel genau hinsehen. Nicht garantieren heißt hier: nicht hervorbringen, nicht stiften, nicht erhalten, nicht gewährleisten, erst recht: nicht erzwingen. Aber muß nun der Staat, wenn man dieses Bild gebrauchen darf, die Hände in den Schoß legen? Zunächst einmal ist es eine Konsequenz aus der hier herausgestellten These, daß den Staat im letzten Grunde Religiosität und Kirchlichkeit seiner Bürger durchaus etwas angehen, für ihn von Belang sind. Mit puristischer Neutralität oder mit blutleerer Indifferenz

---

[107] AaO S. 94. In ähnlicher Weise spricht *Josef Isensee* von der besonderen Aufgabe, die dem Christentum in der pluralistischen Gesellschaft zufällt, nämlich „mit dem Glauben auch die religiösen Quellen zu bewahren, die dem nachchristlichen säkularen Gemeinwesen lebensnotwendige Substanz zuführen": Keine Freiheit für den Irrtum. Die Kritik der katholischen Kirche des 19. Jahrhunderts an den Menschenrechten als staatsphilosophisches Paradigma, in: Zeitschrift der Savigny-Stiftung für Rechtsgeschichte. Kanonistische Abteilung 73 (104) 1987, 296–336 (334).

würde der Staat sich sozusagen seinen eigenen Ast absägen. Zwar kann er
die Maßgeblichkeit seiner Fundierung nicht garantieren, aber er kann und
darf sie um seiner selbst willen – und damit letztlich um der Bürger willen
– stützen und fördern[108]. Das öffnet jedenfalls prinzipiell den Weg zu einem
positiven Verhältnis von Staat und Kirche.

Das Gesagte gilt also jedenfalls für das Verhältnis von Staat und christlicher Religion. Andere Religionen darf man in diese Konzeption einbeziehen und den Grundgedanken auf sie anwenden, sofern sie die Prämisse,
nämlich die der christlichen Gewaltenteilung akzeptieren und sich der
Legitimierung des demokratischen Verfassungsstaates nicht verweigern.
Damit ist zugleich auf das Problem verwiesen, daß etwa der Islam, wie
schon vorhin betont, vor der Herausforderung steht, seine Position zum
freiheitlichen Verfassungsstaat zu klären. Des weiteren wird in dieser Perspektive bewußt, daß auch in Israel das Ineinander von Staat und Religion
den Weg zu Frieden und Toleranz eher erschwert als erleichtert.

Zuletzt möchte ich die Frage aufwerfen, ob man diese mit historischer
und verfassungstheoretischer Reflexion gewonnene Einsicht vielleicht in
eine verfassungsrechtliche Grundsatznorm umsetzen kann[109]. Ich meine ja
und verweise darauf, daß das auch schon geschehen ist, nämlich früh in
Württemberg-Baden[110], dann in Baden-Württemberg[111] und neuerdings in
Sachsen[112], wo in den betreffenden Verfassungen von den Kirchen und
Religionsgemeinschaften, ja sogar von den Weltanschauungsgemeinschaften gesagt wird: „Ihre Bedeutung für die Bewahrung und Festigung der religiösen und sittlichen Grundlagen des menschlichen Lebens wird anerkannt". Dabei hat es in Sachsen eine interessante Diskussion gegeben, weil
dort in einem Entwurf zunächst nur von den „sittlichen Grundlagen" die
Rede war. Aber das wäre zweifellos eine Engführung gewesen, die Kirchen
und Religionsgemeinschaften gewissermaßen nur als moralische Anstalten
gesehen und in utilitaristischer Manier nur dafür in Dienst genommen hätte.
Mit Recht wird durch die vollständige Formulierung Religion als wesent-
liche Grundlage menschlichen Lebens anerkannt – Religion, wie vorhin

---

[108] Kompakte Übersicht bei *Gerhard Robbers*, Förderung der Kirchen durch den
Staat, in: Handbuch des Staatskirchenrechts, Bd. I, S. 867–890.

[109] Zum folgenden vgl. *Alexander Hollerbach*, Zur Problematik staatskirchenrechtli-
cher Grundsatzaussagen in verfassungsgeschichtlicher Perspektive, in: Staat und Parteien.
Festschrift für Rudolf Morsey zum 65. Geburtstag, hrsg. v. Karl Dietrich Bracher u. a.,
Berlin 1992, S. 97–105.

[110] Verfassung für Württemberg-Baden vom 28. November 1946, Art. 29 Abs 1
Satz 1.

[111] Verfassung des Landes Baden-Württemberg vom 11. November 1953, Art. 4
Abs. 2.

[112] Verfassung des Freistaates Sachsen vom 27. Mai 1992, Art. 109 Abs. 1, hier allerdings ohne Einbeziehung der Weltanschauungsgemeinschaften.

schon einmal formuliert, verstanden im Sinne der Öffnung für und der Bindung an etwas, das den Menschen übersteigt und ihm zugleich Sinn und Halt gibt. Der sachliche Grundgedanke, der darin zum Ausdruck kommt, könnte und müßte auch für die weiteren Entwicklungen in Europa maßgebend sein. Gilt nicht für das europäische Gemeinwesen, welchen Namen immer es tragen wird, erst recht, daß es von Voraussetzungen lebt, die es selbst nicht garantieren kann?